DRINKS

für jede Lebenslage

VORWORT

Eine meine ersten Aufgaben in der Redaktion der ZEIT bestand darin, Kollegen danach zu fragen, wann sie hochprozentigen Alkohol tranken und vor allem: warum. Warum *genau*? Das Ziel war nicht etwa, subtil für die Gefahren des Alkoholismus zu sensibilisieren. Die Theorie, auf der unsere kleine Rubrik „Drinks für jede Lebenslage" fußte, ging davon aus, dass Menschen bestimmte Getränke in ganz bestimmten Momenten ihres Lebens genossen und dass es interessant sein würde und inspirierend, wenn sie uns in kleinen Texten von diesen Momenten erzählten.

Die Rubrik, wir sprachen bald nur noch vom „Drink" (Haben wir schon einen „Drink" für die nächste Ausgabe?), war vor meiner Ankunft in der Redaktion der ZEIT liebevoll entwickelt worden, von der besonderen Liebe, die in die ersten Texte geflossen war, zeugte immer noch eine Flasche The Singleton of Dufftown Sunray im Besitz eines Kollegen, der diesen Scotch zum Zwecke der „kultivierten Leistungsverweigerung" nach dem Mittagessen trank (oder davor), wie er in einer Art Pilotfolge für die Rubrik geschrieben hatte. Es sei sein passiver Widerstand gegen die Lustfeindlichkeit. Aus Gründen, die sich nicht mehr exakt rekonstruieren lassen, ist dieser programmatische Text nie erschienen.

Whiskey im Büro, da gab es zwar die eine oder andere Legende aus der ferneren Vergangenheit der ZEIT. Aber irgendwie schien das nicht mehr so recht zu passen. Auch erfahrene Kollegen, die ich später für die Rubrik zu gewinnen versuchte, winkten schnell ab. Er sei nun wahrlich kein „Profi-Trinker", schrieb mir einer. Ein anderer bot an, die Frage bei Gelegenheit bei einem Kaffee zu erörtern.

Es heißt, die „Drinks für jede Lebenslage" hätten sich zwei Redakteurinnen der ZEIT auf einem Balkon in Hamburg-Altona ausgedacht, es soll schon etwas später gewesen sein. Aber wie das so ist mit diesen Drinks, man bewegt sich mit ihnen schnell ins Reich von „Halbwahrheiten und Geraune", es gehe dann oft um „verwischte Erinnerungen an die Launen einer Nacht", wie Moritz Herrmann irgendwann schrieb.

Spätestens mit dem Erscheinen des Manhattan lag die Rezeptur der Rubrik rötlich schimmernd vor uns: Man nehme einen Gemütszustand und kombiniere ihn mit dem Geschmack eines hochprozentigen Cocktails, zu gleichen oder auch völlig unterschiedlichen Teilen, Hauptsache, beides gehört im Alltag des jeweiligen Autors irgendwie zusammen. Im Falle des Manhattan lautete die Gefühlslage: nach der Plackerei. Samstagabends, beispielsweise nach der Reparatur seines Rasenmähertreckers, mischte Jochen Bittner Whiskey und Wermut in einem Martiniglas, dazu ein Spritzer Angosturabitters. Und schon blickte er ganz anders auf den gemähten Rasen, der ihm den Nacken derart verspannt hatte.

Aber was ist die Lage?, mit dieser Frage nervte ich fortan die Kollegen. Denn einen Drink konnte ja jeder vorschlagen. Aber die passende Lebenslage?

Im Nachhinein muss ich gestehen, dass es mir nicht ganz gelungen ist, meine persönlichen Vorlieben völlig aus dem Beruflichen herauszuhalten. Es gab stets viel Wodka. Auf der Couch, auf dem Tanzboden oder mitten im Kriegsgebiet. Zu meiner Verteidigung muss ich sagen, dass es sich bei einer der Kolleginnen, die die „Drinks" miterfunden haben soll, um eine der führenden mir bekannten Wodka-Expertinnen handelt („Völlig verkannt ist die Fähigkeit des Wodkas, Beziehungen zu klären"). Ich lernte allerdings auch, wie man sich ein Damengedeck vorzustellen hatte, was ein Gebutterter Mönch war und dass man die fachliche Eignung eines Barkeepers am besten mithilfe eines Cocktails namens Black Velvet prüfte. Man trank K. u. K. (Korn und Kirsch), Tollwütigen Hund (schon wieder: Wodka) und Last Word (mit dem Karthäuserlikör Chartreuse). Man trank auf Kuba, in China, aber auch in Hinteressach.

Auch ein Tee mit Rum von Margarete Stokowski war durchaus mal drin, sogar ein heißer Whiskey gegen die Erkältung. Von Zeit zu Zeit wurde es allerdings nötig, gewisse Grenzen zu ziehen. Nein, alkoholfreies Weißbier war nun wirklich kein Drink. Und auch Wein lieber nicht, höchstens mal ein Sekt mit Mate. Sonst aber nahmen wir es nicht allzu genau, wenn die Lage stimmte. Jeder neue „Drink" barg für uns das Versprechen, das Bjørn Erik Sass mit dem Negroni verband, nämlich „dass das Beste immer noch kommt, vielleicht schon mit dem nächsten Glas".

Genießen Sie es!

Johannes Gernert,
stellv. Ressortleiter Z – ZEIT zum Entdecken

INHALT

Vorwort – von Johannes Gernert (ZEIT-Redaktion) 4

Cheers! – Vorwort von Helmut Adam, Nils Wrage &
Maruan Paschen (Mixology) 10

Spirituosenglossar 12

NEGRONI – *Glamourmangel* – von Bjørn Erik Sass 17

MANHATTAN – *Nach der Plackerei* – von Jochen Bittner 21

K.u.K. – *Auf der Kippe zum Exzess* – von Franziska Bulban ... 25

WODKA-MATE – *Feierei* – von Johannes Gernert 29

TEE MIT RUM – *Kaufhauskoller* – von Margarete Stokowski... 31

IN DREI DRINKS DURCH ... AMSTERDAM
von Johannes Böhme 34

WODKA – *Lampenfieber* – von Ursula März 41

LAGAVULIN – *Badewanne* – von Peter Dausend 43

PUSSER'S PAINKILLER – *Fremdgehschmerz*
von Anna Bode (Name geändert) 47

LAST WORD – *Weltdeutung* – von Lars Gaede 50

CUBA LIBRE – *Mangel* – von Eva Biringer 55

IN DREI DRINKS DURCH … ZÜRICH
von Francesco Giammarco 58

WINTER-WODKA – *Auf der Couch*
von Sebastian Kempkens 65

HARVEY WALLBANGER – *Weißt du noch?*
von Sandra Danicke 69

IN DREI DRINKS DURCH … ATHEN – von Silke Weber 72

OUZO – *Auch schon egal jetzt*
von Karin Ceballos Betancur 78

SLOE GIN FIZZ – *Nenn mich nie wieder süß!*
von Mareike Nieberding 81

WHITE RUSSIAN – *Gesättigt* – von Merlind Theile 85

DAS DAMENGEDECK – *Frau am Tresen*
von Greta Taubert 87

CLOUD JUICE – *Waschzwang* – von Michael Allmaier 90

IN DREI DRINKS DURCH … MÜNCHEN – von Helmut Adam . . 92

SCHWERMATROSE – *Kinderfrei* – von Claas Tatje 99

BELUGA WODKA – *Beziehungskrise* – von Alice Bota 103

STEINHÄGER – *Revival* – von Oliver Hollenstein 106

PASTIS DE MARSEILLE – *Lasst mich rein!*
von Georg Blume 109

IN DREI DRINKS DURCH ... HAMBURG
von Vivian Alterauge 112

SEKT MATE – *Herumtreiberei* – von Björn Stephan 119

VOGELBEERSCHNAPS – *Vergiftet* – von Gero von Randow 122

BLOODY MARY – *Fluchlust* – von Anett Selle 127

BLACK VELVET – *Mal sehen, was der Barkeeper so draufhat ...*
von Gero von Randow 131

HOT TODDY – *Kurz vor krank* – von Fiona Weber-Steinhaus .. 133

SELBST GEBRANNTER SLIWOWITZ – *Nachts auf dem Balkon*
von Alem Grabovac 136

MEXIKANER – *Unter Feinden* – von Dmitrij Kapitelman 141

GIN TONIC – *Kater* – von Ilka Eliana Knigge 143

GEREIFTER COGNAC – *Chefig* – von Michael Allmaier 147

IN DREI DRINKS DURCH ... BRÜSSEL
von Wolf Alexander Hanisch 150

FUTSCHI – *Kaputtheitsbedarf* – von Fritz Zimmermann 156

TOLLWÜTIGER HUND – *Etwas Osten im Herzen*
von Alice Bota.................................... 161

HEMINGWAY SOUR – *Scham besiegen*
von Johannes Böhme............................. 165

IN DREI DRINKS DURCH ... FRANKFURT – von Nils Wrage... 168

ESSACHER LUFT – *Feuertaufe* – von Philipp Daum 174

PIMM'S – *Fake it 'til you make it*
von Fiona Weber-Steinhaus 177

C+T – *Lost in translation* – von Jörn Kabisch 180

SKINNY BITCH – *Was tut man nicht für gute Freundinnen*
von Eva Biringer 184

GEBUTTERTER MÖNCH – *Unter Regenwolken*
von Moritz Herrmann............................. 187

TARIFA – *So alt sind wir wirklich noch nicht*
von Julia Wadhawan 191

IN DREI DRINKS DURCH ... MADRID
von Robert Treichler 194

CHRENOWUCHA – *Überleben* – von Alice Bota........... 201

FRIESENGEIST – *Abschied* – von Moritz Herrmann 204

Register.. 206

CHEERS!

Ein gutes Jahrzehnt hatten wir von Mixology die Rolle der hauptberuflichen Drink-Schreiber mit deutscher Feder nahezu exklusiv. Das waren im Rückblick heroische Zeiten. Aber irgendwie auch einsame Zeiten. Immer wieder ertappten wir uns dabei, wie wir neidisch über den großen Teich blickten. Denn das ideale Mischungsverhältnis eines Martinicocktails wird in einflussreichen amerikanischen Tageszeitungen seit jeher mit derselben Ernsthaftigkeit diskutiert wie die Anhebung des Leitzinses durch die Fed.

Gut erinnern wir uns daher an die Redaktionssitzung, in der jemand die großformatigen Seiten einer ZEIT-Kolumne von „Drinks für jede Lebenslage" auf dem Tisch ausbreitete. Bekannte deutsche Journalisten, die mit derselben Hingabe Drinks beschrieben, mit der sie sonst das politische oder gesellschaftliche Tagesgeschehen sezierten? Darauf einen Toast!

Für uns war dies ein Zeichen, dass Bar- und Cocktailkultur in der Mitte der Gesellschaft ankommen. Etwas, das für uns ehemalige Bartender und Gastronomen, die auf die schreibende Seite gewechselt waren, immer das unausgesprochene Leitziel bedeutete.

Denn lange Zeit galt: Nur wer Bier und Wein trinkt, der darf auch darüber reden. Denn Bier und Wein, nur das ist Kultur, darüber lässt sich streiten. Seit Jahrzehnten sind Wörter wie Abgang, Lage und Bouquet in deutschen Leitmedien zu finden. Die Spirituose wiederum war denjenigen vorbehalten, die es sich zur Mittagszeit auf einer Parkbank mit einem Fläschchen Korn gemütlich gemacht haben.

Das ist ganz klar nicht mehr so.

Wer wie die ZEIT einen nur unter hartgesottenen Bar-Nerds bekannten Tropfen wie Steinhäger in seine Seiten hievt, der meint es ernst.

Und immer wieder und immer mehr rückt in den ZEIT-Kolumnen der mischende und bedienende Protagonist in den Mittelpunkt. Die nervende Frage „Und was machst du eigentlich sonst so beruflich?" wird für den passionierten Vollzeit-Barmann damit hoffentlich bald der Vergangenheit angehören.

Denn er oder sie ist häufig der Schlüssel zu den spannenden Geschichten hinter den Getränken oder schlicht kundiger Wegweiser durch eine ausgelassene Nacht.

Ob der berühmte Gin Basil Smash aus dem Hamburger Le Lion, das einfache Berliner Clubgetränk Wodka-Mate oder der Kultcocktail Last Word – so groß die Vielfalt der Getränke, so nahezu uferlos ist auch die sich dahinter verbergende Kulturgeschichte.

Als wäre das alles noch nicht unübersichtlich genug, kommen täglich neue Erzählungen hinzu. Und zwar nicht zu knapp, denn damals wie heute bleibt die Bar ein Ort, an dem überproportional viele Geschichten beginnen oder enden. Oder überhaupt erst erfunden werden.

Bei so viel Lust und Freude an der flüssigen Vielfalt, wie sie aus den vorliegenden Kolumnen sprüht, wollen wir den Kollegen der ZEIT auch verzeihen, dass sie statt des international üblichen „Bartenders" immer noch den Begriff „Barkeeper" verwenden.

Cheers! Santé! Prost! Sláinte! Salute!

Ihre Mixologen
Helmut Adam, Nils Wrage & Maruan Paschen

SPIRITUOSEN GLOSSAR

Absinth: Der meist grünliche Anisschnaps hat noch immer den Ruf eines Bad Boys und war vielerorts lange verboten. Für klassische Cocktails ist er aber häufig unentbehrlich!

Amerikanischer Whiskey: stand lange im Schatten seines schottischen Bruders, der hatte schlicht das bessere Marketing. Dabei ist ein guter „American" eine Offenbarung. Und für einen echten Whiskey→Sour braucht es nun mal Bourbon.

Arrack (Arrak): Der Zucker- oder Kokosschnaps aus Indonesien und Sri Lanka steht ganz am Anfang der neuzeitlichen Mixgetränke. Versuchen Sie mal einen klassischen Ruby Punch.

Bitters: ja, mit „s" am Ende, auch im Singular. Die starken Würztinkturen geben zahlreichen →Cocktails in Form einiger →Dashes oft den letzten Schliff.

Champagner: Champagner ist der Wein der Bar. Punkt. Eine gute Bar hat einen guten Champagner im offenen Ausschank. Und sie bietet auch Champagnercocktails an.

Cocktail: Heute nennt man fast jeden gemischten Drink „Cocktail". Dabei war der Begriff einst nur ein Name unter vielen Gattungsbezeichnungen. Erstmals definiert wurde er übrigens 1806: eine Spirituose, gemischt mit Zucker, Wasser und →Bitters.

Craft Beer: ursprünglich von Garagen-Brauern in den USA erdachter Kampfbegriff, heute eher Marketingvokabel. Fragen Sie Ihren Wirt lieber einfach, ob er gutes Bier am Start hat.

Dash: zu Deutsch ein „Spritzer", also ein paar Tropfen einer meist sehr aromatischen Zutat im →Cocktail. Besonders →Bitters werden Dashweise dosiert. Gut vergleichbar mit einer Prise Salz.

Doppelt abseihen (Double Strain): Viele Cocktailrezepte verlangen heute nach doppeltem Abseihen. Dabei wird der gesamte Drink durch ein feines Teesieb gegossen – etwa, damit keine grünen

Fetzen im Gin Basil Smash landen.

Eis: die wichtigste Zutat jedes Cocktails. Gutes, klares und solides Eis braucht Kenntnis und Pflege. Wenn Ihr Bartender Ihnen etwas über sein Eis erzählen kann, dann ist die Bar wirklich gut.

Gin: früher einmal eine klare Spirituose mit Wacholdergeschmack und britischem Flair, heute aber der größte Schnapstrend seit →Wodka. Dabei ist es eben eigentlich nur: Gin. Und der ist großartig.

Infusion: Keine Angst, niemand ist krank. Wenn Bartender ihre Sirupe und Spirituosen selbst mit Vanille, Koriander oder Grapefruit aromatisieren, nennt man das Infusion. Daher liest man diesen Begriff inzwischen oft in Cocktailkarten.

Julep: Lange, bevor man von →Cocktails sprach, gab es schon Juleps aus Minze, Zucker und Schnaps. Das Wort stammt aus dem Persischen, perfektioniert wurde der Julep im Süden der USA.

Rum: die vielfältigste Spirituosengattung der Welt, immer basierend auf Zuckerrohr oder Melasse. Rum kann alles sein. Glauben Sie nicht? Vergleichen Sie mal einen leichten, weißen kubanischen Rum mit einem urtypischen Jamaikaner.

Sour: „Sours" sind die populärste Familie unter allen →Cocktails. Ob Daiquiri, Caipirinha, Margarita oder Whiskey Sour, sie alle funktionieren nach dem gleichen Schema: Schnaps, Zitrussaft und Zucker. Schmeckt halt auch immer.

Tequila: In den USA weiß man es schon länger: Der Agavenbrand muss nicht im Gespann mit Zitrone und Salz für Kopfweh sorgen, sondern bietet höchste und hochwertigste aromatische Genüsse.

Tonic Water: Einst als Medizin gegen die Malaria eingesetzt, bildet das chininhaltige Soda heute zusammen mit →Gin den boomenden Drink unseres Jahrzehnts.

Wermut (Vermouth): Der gekräuterte, bittere Wein ist wieder wichtig geworden. Der Grund? Seit wieder richtige →Cocktails getrunken werden, braucht es auch wieder guten Wermut.

Wodka: der neutral schmeckende, glasklare Star der Jahrtausendwende. Wurde vom →Gin abgelöst und gilt jetzt als minderwertig, womit man dem Getreide- oder Kartoffelbrand aber ebenfalls nicht gerecht wird.

Zeste: Das dekorative Sinnbild der Bar-Renaissance. Denn ein schön geschnittenes Stück Zitronen- oder Orangenschale sieht nicht nur gut aus, sondern verleiht vielen →Cocktails den letzten aromatischen Kick.

NEGRONI

Glamourmangel

von Bjørn Erik Sass

Mein Leben lang wünschte ich, ich wäre ein echter Cowboy. Oder, genauso toll: ein eleganter, frauenumschwärmter Salonlöwe, einer, der mitreißend von seinen Abenteuern draußen in der Welt berichtet. Tatsächlich aber besaß ich nie ein Pferd, nie Land oder Adelstitel, auch keinen beeindruckenden Lebenslauf. Darüber hätte ich traurig werden können. Ich fand aber rechtzeitig einen Weg, die blasse Leere meines Daseins von innen aufzufüllen – mit einem Drink voller Kraft und Farbe.

Der Negroni vereint die glänzendsten Facetten meiner beiden Wunschkarrieren. Zunächst wirkt dieser Drink sehr schlicht, ein Mix aus gleichen Teilen Campari, Wermut und Gin, garniert mit einem

Schnitz Orangenschale. Doch wie viel Magie steckt in dieser einfachen Kombination! Das liegt in der Genese ihrer Erfindung: Graf Camillo Negroni arbeitete in Amerika als Rodeoreiter und auf einem Flussboot als Kartenspieler, er war, möchte ich sagen, ein Mann, wie ich in einem gerechteren Leben einer hätte werden sollen dürfen. 1919 kehrte dieser vorbildliche Mensch nach Florenz zurück. Dort war gerade der Americano als Aperitif aus Campari, Wermut und Sodawasser sehr angesagt. Das war dem Grafen, die virile Wildheit der Neuen Welt noch deutlich in den Sinnen, viel zu lasch. Er ließ das Soda durch Gin ersetzen.

Fühle ich mich nun einmal besonders unglamourös und greife ich darüber zu einem Negroni, spüre ich, wie der Conte und seine Abenteuer Schluck für Schluck in mich hineinsickern und meinen inneren Grafen und Steppenreiter erblühen lassen. Geeist ist er und schmeckt trotzdem warm, ölig schwappt er im Glas und läuft doch leicht die Kehle hinunter, seine Rottöne, in den Eiswürfeln herrlich changierend, erinnern in einem Moment an das Blut eines frisch geschossenen Bisons, im nächsten an das Samtkleid einer aufregenden Abendbegleitung. Dazu schmecke ich Reichtum: die vielen Kräuter, die die Sinne anregen, den Alkohol, die Bitterkeit, alles umspielt von einer süßen Note. Dem Versprechen, dass das Beste immer noch kommt, vielleicht schon mit dem nächsten Glas.

MANHATTAN

Nach der Plackerei

von Jochen Bittner

Ich habe nie Rugby gespielt, bin mir aber recht sicher, dass ich das Gefühl danach kenne. Ich nenne es „grüne Schmerzen". Die grünen Schmerzen treten meist am Samstagabend auf, und sie kommen von der Natur.

Typischerweise durch so was: Irgendein Draht hat sich wieder im Schneidwerk des Rasenmähertreckers verfangen. Also aufbocken und drunterkriechen. Den Schraubenschlüssel an die Scherennabe setzen. Abrutschen. Schraubenschlüssel ins Auge kriegen. Noch mal ansetzen. Kräftiger drücken. Noch mal abrutschen. Ellenbogen an den Scherblättern aufschrammen. Vor Wut auffahren. Stirn am Mähwerk stoßen. Fluchen und rauskriechen. Dabei diese eine falsche Bewegung machen, die die Nackenwirbel staucht und den Trapezmuskel zwirbelt. Taumeln.

Ja, so muss es sich anfühlen, ganz unten im *scrum*, diesem Menschenpresshaufen, zu dem sich Rugbyspieler aufstapeln, wieso auch immer sie das tun.

Wenig später, wenn die Sonne sinkt, der Hals steif wird und die Hand anschwillt, können Sie natürlich Ihre schwindende Jugend beklagen und eine Ibuprofen einwerfen. Aber warum Gemüt und Nieren belasten, wenn es eine freudvollere Alternative gibt für Körper und Geist? Diese Alternative ist ein ebenso schlichter wie wirkungsvoller Cocktail – der Manhattan. Einen Manhattan kriegen Sie auch noch mit steifem Nacken und zitternder Hand hin. Gießen Sie zwei Teile amerikanischen Whiskey und einen Teil roten Wermut, beides gut gekühlt, in ein Martiniglas. Einen Spritzer Angosturabitters dazu – fertig ist der rote Retter.

Tun Sie sich aber bitte zwei Gefallen, und nehmen Sie einen richtig guten Rye Whiskey und einen richtig guten Wermut. Das heißt: keinen billigen Bourbon oder Martini Rosso. Gönnen Sie sich ruhig einen Old-Overholt-Roggenschnaps aus Tennessee und einen Belsazar-Wermut aus dem Kaiserstuhl. Die Qualität der Zutaten macht den Unterschied zwischen „Bah!" und „Ah!" beim Manhattan. Wenn Sie möchten, können Sie noch eine Cocktailkirsche dazuwerfen, aber das ist im Grunde Chichi. Eher was für Städter. Gleich nach dem ersten Schluck fängt der Nacken an, sich zu entspannen. Nach dem zweiten vergessen Sie Ihre Hand. Und nach dem dritten sind Sie nur noch Zunge, in einem grinsenden Mund.

Ach, ist der Rasen da draußen nicht herrlich kurz und grün?

K. u. K.
Auf der Kippe zum Exzess

von Franziska Bulban

Es ist ein wirklich guter Abend geworden: Ein paar Freunde sitzen seit Stunden bei Antipasti und Rotwein um den Tisch im Wohnzimmer. Die Gespräche über Politik (Wäre Merkel im Westen aufgewachsen, wäre sie wohl konservative Grüne?) verwandeln sich zu Gesprächen über Jobs (Wie lange willst du dir das noch antun?) und Beziehungen (Das ist doch keine Gleichberechtigung!). Es wird spät und später, trotzdem gähnt niemand. Und ich hoffe: Es könnte eine dieser Nächte werden, in denen man bis morgens um die Häuser zieht, in denen die Wette um die Telefonnummer des Türstehers im Rauswurf mündet und in denen niemand heimfährt, bevor man nicht beim Laden mit den fettigen belgischen Pommes war – kurz: eine der Nächte, die für die nächsten drei Jahre als Anekdote taugen. Ich liebe solche Nächte.

Aber um sie wahr werden zu lassen, braucht es Timing. Denn es gibt den einen flüchtigen Moment, sie zu initiieren, den Moment, in dem sich das Essen schon so weit gesetzt hat, dass wieder an anstrengende Tätigkeiten wie Aufstehen zu denken ist, in dem aber noch keiner eingeholt wird von seiner Vernunft, von drohenden Deadlines, Dienstreisen und Elternbesuchen. Das ist der richtige Moment für Korn. Denn Korn fragt: Geht es los? Sind wir unvernünftig? Gehen wir tanzen, laufen, raufen?

Dass Korn auf dem Hipsterbarometer noch hinter Eierlikör landet, ist dabei von Vorteil. Die wenigsten haben Ahnung von Korn. Auch Korn kann man auf acht Grad gekühlt im Mund herumrollen lassen, man kann über seine Lagerung in Eichenholzfässern debattieren. Tut nur niemand. Bei Korn fühlt sich jeder frei, ihn zu trinken, wie er will. Pur, als Spülung für ein Päckchen Ahoj-Brause oder wie ich am liebsten: mit Kirschsaft. Ich nenne das K. u. K. Korn und Kirschsaft. Schmeckt, als hätte man Alkohol in einen dieser Frühstückssäfte gekippt. Hat man ja auch. Zur Süße gesellt sich Weizen oder Roggen. Ich empfehle Schneider Korn aus meiner Heimat, dem Sauerland.

Meist ist die Annahme: Korn trinkt man, um betrunken zu werden, und wer ihn trinkt, hat die Zone des guten Geschmacks verlassen. Damit tut man dem Korn unrecht. Aber es macht ihn zum präzisesten Thermometer der Nacht: Ist heute alles ein bisschen egaler? Suchen wir den Exzess? Korn ist das Schmuddelkind aus der Spirituosenkiste – und weit und breit kein Spielkamerad, der befreiender wäre.

Bester Zwei-Komponenten-Treibstoff:
Matetee plus Wodka.

WODKA-MATE

Feierei

von Johannes Gernert

Wenn sich einige wirklich gute alte Freunde angekündigt haben. Wenn es eine nennenswerte Anzahl gemeinsamer Songs gibt, zu denen ihr schon einmal zusammen auf einem Clubboden herumgesprungen seid. Wenn der DJ bereit sein könnte, gegen halb drei in der Früh auf euer „Mach ma Dings von Jay Z"-Gegröle nicht immer nur mit „Hab ich nicht" oder „Hab ich doch schon gespielt" zu antworten. Dann sind das alles klare Anzeichen dafür, dass das eine Nacht werden könnte, die einen Zwei-Komponenten-Treibstoff verdient: Wodka-Mate.

Was die Koka kauenden Matebauern, die aus den Blättern der südamerikanischen Stechpalme den belebenden Tee gewinnen, und die schweigsamen, russischen Weizenbauern, die das Korn für den Wodka bereiten, zu einen scheint, ist dieses Stoische, Erdverwachsene. Ähnliches gilt für die fränkischen Brauer der Club-Mate und die Moskauer Brenner des milchgereinigten (was auch immer das heißt) Parliament Vodka, der sich ganz besonders gut für die Mischung eignet.

Vielleicht braucht man genau diese gefühlte vierfache Ruhe, um solch einen anregenden Drink zu schaffen, der der herben Mate-Brause, kaum merklich, ein wenig Wodka-Schärfe verleiht. Der Zustand bald: knallwach und gar nicht so unbesoffen. Der Wodka-Mate wird in der Regel in der Mateflasche serviert, was an der Bar zumindest die Illusion schafft, man könne die Dosierung irgendwie beeinflussen. Denn erst reicht die Barkeeperin die Flasche, man nimmt einen Schluck, dann wird der Wodka nachgegossen. Je mehr Alkoholbedarf man also am Anfang oder je weniger man am Ende der Nacht haben mag oder andersrum, desto mehr oder weniger trinkt man ab. Sollte man in den frühen Morgenstunden nur noch vorsichtig an der Mate nippen, wird sich kaum eine Barkeeperin beschweren.

Das Direkteinspritzverfahren verleiht dem Wodka-Mate etwas Bodenständiges, Biernahes. Man trägt Flasche. Anders als beim Cocktailglas drohen nicht irgendwann die Gurken aus dem Moscow Mule auf die Tanzfläche zu hüpfen. Man kippt sich auch keine Eiswürfel aufs T-Shirt oder rammt sich einen Strohhalm ins Gesicht. Im Zweifel hat man noch einen Deckel und kann die Sache zwischendurch, wenn der DJ die Gegenwehr erst einmal aufgegeben hat, praktisch verschrauben.

Trotzdem ist der Wodka-Mate nicht etwa ein Ingenieursdrink. Dafür lässt er einen viel zu gut tanzen.

TEE MIT RUM

Kaufhauskoller

von Margarete Stokowski

Jetzt sind Sie endlich raus. Keinen Bock mehr. Schnauze voll. Sie würden nicht von sich behaupten, dass Sie dumm sind, aber Sie waren nach Feierabend in einem Einkaufszentrum. Es lief dreimal Last Christmas, zweimal Happy Xmas (War is over) und einmal All I want for Christmas is you, wobei Letzteres sich angefühlt hat wie siebenmal. Sie haben zwischen Plastik und Glitzer und künstlichem Watteschnee nicht gefunden, was Sie gesucht haben. Kurz haben Sie überlegt, allen in Ihrer Familie eine Vanille-Duftkerze zu schenken, einfach aus Hass auf die Welt.

Nun haben Sie es nach Hause geschafft, und Sie haben sich geschworen, nie wieder ein Einkaufszentrum zu betreten oder jedenfalls nicht mehr in diesem Jahr. Sie schalten das Radio an, es kommt Winter Wonderland, Sie schalten es wieder aus. Wenn Sie sich in exakt diesem Moment für ein Tattoo entscheiden müssten, es wäre das Wort „Nein". In Großbuchstaben. Auf der Stirn.

In diesem Zustand der Verweigerung gibt es viele Dinge, die Sie tun können, und nur wenige, die helfen. Eines der Dinge, die helfen, ist ein Tee mit Rum.

Tee und Rum sind Trends, die gerade wiederkommen. Nach Kaffeekapseln gibt es jetzt auch Teekapseln, für die man extra Teebereiter braucht, beziehungsweise eigentlich braucht man die natürlich nicht. Und Rum ist auch so ein Ding neuerdings. Nachdem Gin der neue Whiskey war, ist Rum der neue Gin. Aber das soll uns egal sein. Wir reden nicht über guten Tee und guten Rum, denn guter Tee braucht keinen Rum und guter Rum keinen Tee, aber Sie brauchen Tee und Rum, damit es wieder gut wird.

Welchen Tee, welchen Rum? Nehmen Sie vom Billigen das Einfache. Lassen Sie den Darjeeling First Flush im Regal stehen. Nehmen Sie die „Westminster Ceylon Assam Mischung" von Aldi Nord. Oder „Teekanne Ostfriesen Teefix". Diesen tollen 13 Jahre alten Cuate-Rum in der hübschen Flasche lassen Sie auch stehen. Jetzt ist es Zeit für Robby Übersee Rum, auch von Aldi, oder Captain Morgan oder Der gute Pott. Schön unter zehn Euro. Teebeutel in den Becher. Oder ins Glas, egal. Heißes Wasser drauf, drei Minuten ziehen lassen oder fünf. Dann den Rum rein, einen großen Schluck oder einen sehr großen, einfach weil das Geräusch beim Eingießen – gluck, gluck, gluck – so schön ist und auch schon hilft. Je nachdem, wie fertig Sie sind, nehmen Sie einen oder zwei Löffel Zucker. Kandis ist super, normaler Zucker ist genauso super.

Und dann trinken Sie. Alles wird gut. Wenn Ihre Brille beschlägt, lassen Sie sie auf. So müssen Sie weniger von der Welt sehen. Später bestellen Sie die Weihnachtsgeschenke im Internet. Mit Expressversand. Das Geld dafür haben Sie gerade mit Ihrem wunderbaren Billigdrink gespart.

In drei Drinks durch ...

... AMSTERDAM

**Barkeeper weisen den Weg
durch die Nacht:
JOHANNES BÖHME macht es sich
gezellig und tankt Wärme**

Wer in Amsterdam trinken gehen will, muss sich als Allererstes diese Frage stellen: Mit wem möchte ich *nicht* trinken? Mit englischen Junggesellenabschiedsrunden etwa, die mittags schon so besoffen sind, dass sie bei all den gleich aussehenden Kanälen nicht mehr wissen, wo jetzt das *bloody* Ibis-Hotel ist. Ebenfalls zu vermeiden sind: Fans deutscher Fußballclubs, die in selbst bedruckten T-Shirts im Licht der Bordellfenster Schlachtgesänge anstimmen; oder belgische Kiffer, die nach dem ersten Space-Cake meinen, dass sie „noch gar nichts merken", und nach dem zweiten nur noch eine ungefähre Vorstellung davon haben, wer sie sind.

Gepflegt trinken gehen in Amsterdam heißt immer auch: gezielte Touristenvermeidung. So gut das eben geht in einer 800 000-Einwohner-Stadt, die jedes Jahr fast 16 Millionen Besucher hat. Die erste Bar des Abends ist mir von Freunden empfohlen worden, danach will ich mich von den Tipps der Barkeeper leiten lassen. Schon mal gut: Meine erste Adresse liegt nicht an einem malerischen Kanal, sondern an einer Tram-Haltestelle.

De Nieuwe Anita wirkt von außen klein und etwas schäbig. Aber ich merke bald, dass sie ein umso größeres Herz hat. Als ich mit meiner Begleiterin um neun Uhr ankomme, ist noch nicht viel los. Die Bar steckt voller exzentrischer Möbelstücke: die Sitzbank einer alten niederländischen Bahn, riesige Lampenschirme, die mal zu einem Filmset gehörten. Und es gibt eine Überraschung: Über eine Hintertür gelangt man, treppab, in einen Minisaal mit Bühne. Dort steht gerade, in blauem Scheinwerferlicht, ganz alleine, eine Frau in Rot, Gitarre im Arm.

Ich habe mir inzwischen einen Cocktail besorgt, der Old Passionate heißt, mit Cognac, Orangensaft und frischer Maracuja. Ein saurer, aber auch etwas vanilliger Drink mit einem Finish, das trocken wie eine Wüste ist. Meine Begleiterin meint, nicht ganz zu Unrecht, das Ganze sei doch eher ein Schnaps in extragroß. Die Cocktails sind in der Nieuwe Anita so mutig gemixt wie die Einrichtung. Man übertreibt im Zweifel zugunsten des Alkohols.

Im Publikum vor der Frau in Rot stehen ein Dutzend Gestalten, eine mit einer Piratenklappe überm Auge. Irgendwie wirkt alles so wunderschön verloren wie die Songs, die die Frau in Rot singt: *„Everything you say makes me blue, I don't know why I am tangled up in you."* Souverän-zarter Post-Bob-Dylan-Folk. Die Frau, stellt sich heraus, heißt Judy Blank und hat gerade ein Album in Nashville aufgenommen. Die Besitzerin der Bar erzählt, sie kriege jeden Tag 60 Anfragen von Musikern, die hier spielen wollen.

Wohin nun als Nächstes? Der Barkeeper empfiehlt das **Checkpoint Charlie**: Gute Stimmung, und ja, vor Junggesellenabschieden sei man da sicher. Also geht es – nach dem doch ziemlich fiesen Cognac-Mix mit leichter Schlagseite – raus in die kalte Nacht.

An einer Ecke zwischen zwei Kanälen scheinen uns schon von Weitem orangefarbenes Licht und das Glitzern einer kleinen Discokugel entgegen. Die Niederländer haben ein ganz wunderbares Wort für Orte wie das Checkpoint Charlie: *gezellig*, was viel mehr bedeutet als das deutsche „gesellig". Sie benutzen es ständig und überall, für alles, was schön und richtig ist im Leben. Das Gefühl des Zusammenseins mit anderen, das Gefühl der Geborgenheit in warmen Räumen im Winter, Gemütlichkeit, Zufriedenheit – alles in einem Wort. Und hier findet man es: Überall stehen sie, fassen sich an die Schultern, halten sich im Arm, auf der Tanzfläche knutscht ein Paar neben einer Gruppe älterer Frauen, die mit ihren extravaganten Brillen ein bisschen aussehen wie ein freundlicher Eulenschwarm. Und hinten in der Ecke sitzt doch tatsächlich, um elf Uhr abends, ein Mann alleine und liest ganz weltvergessen ein Buch. Ich frage, was er liest. Er hält es hoch: Edgar Joseph Feuchtwanger: *Preußen – Mythos und Realität*. Das habe er drüben im Regal gefunden. Hier ist also wirklich für jeden Platz.

Die Drinks sind nichts Besonderes, aber es gibt Hendrick's Gin, und mit einem Gin Tonic macht man eben auch nichts verkehrt. Wir spielen Billard, und ich verliere, wie immer, gegen meine Begleiterin, die einfach die besseren Nerven hat und die ruhigere Hand.

Zum Abschluss muss noch ein Ort her, wo das Trinken ernst genommen wird. Einen Tempel des gepflegten Cocktails brauchen wir. Die Barkeeperin versteht und weist uns in Richtung der **Bar Oldenhof**. Die Drinks dort seien ganz fabelhaft.

Was sie nicht erwähnt, ist, dass die drei Frauen, die die Drinks dort mixen, eine etwas sadistische Ader haben. Als wir ankommen, vor Fenstern mit schweren Gardinen, die keinen Blick hineinlassen, und an der Tür klingeln, herrschen Minusgrade. Eine freundliche Frau öffnet. Ja klar, sie hätten Platz, aber man müsse mit „20 Minuten Wartezeit" rechnen, um „alles vorzubereiten". Sie schlägt uns vor, einen Spaziergang zu machen. Wir bleiben stoisch stehen und hoffen, dass es schneller geht. Nach 20 Minuten spürt meine Begleiterin ihre Füße langsam nicht mehr. Als wir nach 25 Minuten endlich eingelassen werden, ist die Bar halb leer. Der Grund für die Wartezeit bleibt das Geheimnis der drei ganz in Schwarz gekleideten Hohepriesterinnen des Alkohols.

Drinnen ist es schummrig und warm, dunkle Ledersessel, Holzvertäfelung und auf dem Fensterbrett eine Lampe, wie sie in der British Library in London den Lesenden leuchtet. Die Frauen machen sich an die Arbeit mit der Ernsthaftigkeit eines religiösen Rituals. Es wird mit Gin hantiert, mit Kirschbrandy, Thymianlikör und 20 Jahre altem Portwein, im Hintergrund läuft englischer Jazz von Chris Barber. Der Drink heißt Peninsula und schmeckt wie ein schwermütiger portugiesischer Sommertag. Was sind schon 25 Minuten Kälte gegen so einen Moment der Wärme? Nur schade, dass man wieder rausmuss.

Auf dem Rückweg kommen wir an einem kahl rasierten Schotten vorbei, der im T-Shirt am Kanal steht und in sein Handy schreit: *„Mate, where are you? Where the fuck are you?"*

De Nieuwe Anita
Frederik Hendrikstraat 111
Mo./Do. 18–1 Uhr, Di./Mi. 20–1 Uhr,
Fr./Sa. 20–2 Uhr, So. geschlossen

Checkpoint Charlie
Nassaukade 48
So.–Do. 13–1 Uhr, Fr./Sa. 13–3 Uhr

Bar Oldenhof
Elandsgracht 84
Mo.–Do. 18–1 Uhr, Fr./Sa. 17–3 Uhr, So. 17–1 Uhr

WODKA

Lampenfieber

von Ursula März

Wodka gilt als hochprozentige Spirituose, mit der sich Osteuropäer ohne Maß und Verstand in die Besinnungslosigkeit saufen. Dieses Image ist grundfalsch. Wer je Gast einer russischen Hochzeitsgesellschaft war, konnte erleben, dass es sich bei den Alkoholleichen, die bei Sonnenaufgang unter den Tischen liegen, durchweg um Nichtosteuropäer handelt, die sämtliche Regeln ignorieren, die sinnvolles Wodkatrinken erfordert.

Regel Nummer eins: niemals Wodka mit anderen alkoholischen Getränken mischen, auch nicht mit Bier. Regel Nummer zwei: sehr viel Wasser zum Wodka trinken. Pro Wodkaglas mindestens einen halben Liter. Regel Nummer drei: zum Wodka etwas Fettes essen. Ein dick mit Schinkenspeck belegtes Brot bietet sich an.

Es braucht also, um dem Wodka gerecht zu werden, eine gewisse Disziplin. Auch Konzentration und Willensstärke sind gefragt. Allesamt Tugenden, von denen man normalerweise annimmt, dass sie im Alkoholgenuss verdampfen. Tun sie natürlich auch bei Wodka, wenn er umfangreich konsumiert wird. Aber: Ein kräftiger Schluck bringt die genannten Tugenden schlagartig in Form. Und deshalb wirkt dieser Schluck – wie gesagt: ein Schluck – in ebenjener mentalen Krisenlage Wunder, die sich Lampenfieber nennt.

Das schließlich kann sich keineswegs nur vor öffentlichen Auftritten einstellen, sondern auch vor Heiratsanträgen, Gehaltsverhandlungen mit dem Arbeitgeber, Terminen beim Finanzamt oder Besuchen in Nachtbars, die einen üblen Ruf genießen, die man aber doch gern mal gesehen hätte. Also immer dann, wenn das Ego schwächelt, die Gedanken konfus und die Bewegungen fahrig werden, weil Furchteinflößendes bevorsteht. Allein das Regelwerk (siehe zuvor), das bei Wodka zu beachten ist, strafft den Charakter und fokussiert das Gemüt. Wer sich daran hält, muss Betrunkenheit nicht fürchten. Auch nicht morgens um neun Uhr. Ein Pfefferminzbonbon im Anschluss wäre trotzdem empfehlenswert.

Im Übrigen besteht das Leben, je länger man darüber nachdenkt, aus einer einzigen Abfolge von Lampenfiebersituationen.

LAGAVULIN

Badewanne

von Peter Dausend

Ich spiele jetzt wieder Fußball, nicht regelmäßig, eher hin und wieder, aber wenn, dann immer sonntagmorgens zwischen zehn und zwölf Uhr im Prenzlauer Berg, dort, wo Berlins Schönwetterspieler zu Hause sind. Wir – mal acht, mal zehn, mal 15 kompakt im Raum Stehende – treffen uns auf einem Naturrasenplatz, der durch viel Natur und wenig Rasen besticht. Der Ball, mit dem wir kicken, heißt übrigens so, wie jeder von uns sich sieht, bis die Wahrheit auf dem Platz liegt: Torfabrik.

Vielleicht sollte ich kurz noch erwähnen, dass ich früher lange Jahre im Verein gespielt habe, immerhin Verbandsliga, damals, als taktische Anweisungen sich noch auf ein „Und wenn der aufs Klo geht, gehst du mit" beschränkten. Beim Hobbykick auf rasenfreiem Rasen weiß ich also, was zu tun ist: den ersten Verteidiger locker überlaufen, dem zweiten den Ball durch die Beine spitzeln und dann das Ding mit der Innenseite flach ins lange Eck schieben. Nur dass beim Überlaufen der Verteidiger schneller ist, der Beinschuss hängen bleibt und mir beim überlegten Schuss ins lange Eck der Ball über den Schlappen rutscht. Erbärmlich. Nach 20 Minuten japse ich wie Reiner Calmund beim Marathonlauf. Von da an geht's bergab.

Zu Hause lasse ich mir umgehend ein Entmüdungsbad mit Heublumen ein, meine bis dahin stärkste Szene. Es wird noch besser: Ich nehme mir ein Whiskyglas, ein bauchiges, das sich nach oben hin verengt, gieße mir daumenbreit ein und stelle das Glas neben die Wanne. Kurz darauf liege ich im Wasser, greife nach dem Glas, schließe die Augen und rieche: Torf, Rauch, Schottland, die Inseln. Aber auch: Bravehearts, Billy Bremner, Ibrox Park der Glasgow Rangers. Kenny Dalglish, Gordon Strachan. Schottische Fußballlegenden.

Beim ersten Schluck füllt sich der Mund mit einer Mischung aus Torf, Seetang und Salz, überlagert von einer tiefen Süße. Lagavulin, Single Malt, 16 Jahre alt, das Wasser von Loch Sholum. Es hätte auch ein Laphroaig, Caol Ila oder Ardbeg sein können, andere Inselgewächse, aber der Lagavulin ist mein liebstes Elektrolytgetränk: Bei so viel Torf kommen verlorene Mineralien von allein zurück. Der 16-Jährige ist Tradition pur: der älteste der Classic-Malts-Serie und bis vor wenigen Jahren die einzige Abfüllung der Brennerei. Neumodischen Schnickschnack mache ich nicht mit. Das gilt für einen zwölfjährigen Cask-Strength-Lagavulin genauso wie für bunte Fußballschuhe.

Mit dem Whiskygeschmack auf der Zunge denke ich an das Spiel – und überlaufe nun den Verteidiger. Beim zweiten Schluck breitet sich Wärme im ganzen Körper aus – und jetzt gelingt der Beinschuss auch. Beim dritten Schluck schmecke ich ein bisschen Holz – und schiebe das Ding ins lange Eck. Mein Gott, war ich gut heute.

PUSSER'S PAIN-KILLER

Fremdgehschmerz

von Anna Bode (Name geändert)

Ich liebe zwei Männer. Den einen betrüge ich mit dem anderen und bin überhaupt nicht bereit, irgendetwas daran zu ändern. Zudem ahnt niemand etwas, ich werde ungeschoren davonkommen.

Dafür sollte ich mich bestrafen. Ich sollte in einer fremden Stadt, in einer heruntergekommenen Bar sitzen und mir mit billigem Alkohol Hirn, Herz und Magen zerschlagen. Eigentlich liebe ich doch mein moralisch hohes Ross, aber vor geraumer Zeit bin ich heruntergefallen und einfach liegen geblieben, so ganz ohne Moral.

Was mir bleibt, neben Sex und großen Gefühlen, ist der Schmerz. Der Schmerz darüber, meinen moralischen Kompass verloren zu haben.

Wenn dieser Schmerz kommt, gibt es einen Ausweg. Er führt in die tiefen Polster meiner Lieblingsbar, vor mir ein verbeulter Metallbecher mit einer milchigweißen Flüssigkeit darin. Dieser harmlos wirkende Drink ist ein Schmerztöter mit original Pusser's Rum und macht seinem Namen sämtliche Ehre: Pusser's Painkiller.

Ich labe mich oft an ihm, wenn ich unter selbst verursachtem Herzschmerz leide. Ein Cocktail für Egoisten, kaum jemand kennt ihn. In seiner alten Tasse sieht er so unscheinbar aus, dass niemand auf die Idee kommt, nach einem Probierschlückchen zu fragen. Teilen will man ihn nach dem ersten Nippen sowieso nicht mehr, viel zu gut schließlich ist seine schmerzstillende Wirkung.

Der Moment des ersten Schlucks ist fast das Beste. Ich genieße ihn am liebsten allein. Das süßsaure Spiel der Ananas und der Orange bildet die Kopfnote, es bereitet die Geschmacksknospen auf die Ankunft des 75-prozentigen Pusser's Rum vor. Überraschend weich walzt der sich durch den Mundraum, gleitet auf der Kokoscreme die Kehle hinab und bleibt und bleibt und bleibt, bis man ganz erfüllt ist von Süße und Rum. Alsdann kommt der Clou, die Würze frisch geriebener Muskatnuss. Süß wird zu Nuss und Rum zu Wärme.

Spätestens nach dem dritten Schluck entfaltet sich die Wirkung, die Welt scheint weniger kantig, die Widrigkeiten der Liebe verblassen. Ist der Becher zur Hälfte geleert, sehnt man sich schon nach einem weiteren.

Daraus ergibt sich auch das einzige Problem des Painkillers, er ist unheimlich schnell ausgetrunken. Für die Vernünftigen unter uns ein Dilemma, für die Maßlosen wie mich einfach großartig, denn nun greift die klassische Cocktailregel: Einer ist zu wenig, zwei sind zu viel, drei sind perfekt.

Vielleicht sollte ich diese Regel auf mein Liebesleben übertragen.

Perfekter Drink für Egoisten:
50 ml Pusser's Rum,
120 ml Ananassaft, 25 ml Orangensaft,
25 ml Kokosmilch, frisch geriebene Muskatnuss.

LAST WORD

Weltdeutung

von Lars Gaede

Der Rausch ist ein Verwandlungskünstler. Er hüllt die Menschen erst ein wie in einen Zaubermantel und gibt ihnen dann einen Stoß, sanft, aber schwungvoll, auf dass sie Dinge tun, die ihnen nüchtern nicht in den Sinn kämen. Manchmal ziehen sich die Menschen dann Krüge über den Kopf. Oder krächzen in ihr Telefon: „Ang ... Aaangeeelika! Jetzt hör mir doch mal ...!" Das ist schlecht. Manchmal tanzen sie aber auch wild zu Tina Turner. Oder klettern auf ein Dach und singen. Das ist schön.

All das passiert, weil Alkohol es vermag, unseren Kopf in seine Schranken zu weisen (wofür er sich dann ja rächt am nächsten Tag). Seine Wirkung basiert auf der bittersüßen Verdummung, die er uns Trinkenden beschert. Das ist die Regel. Die Ausnahme ist der Last Word. Mein Lieblingsdrink. Denn der vernebelt nicht, er macht klar und klug. Zur Prohibitionszeit in Detroit erfunden, vertrocknete er über Jahrzehnte in den Rezeptbüchern – bis die Alchemisten unter den Barkeepern begannen, ihn wieder vor Gästen auf den Tresen zu stellen. Meinen Freunden und mir erstmals in dieser Münchner Bar, in der wir uns immer trafen, um arm und betrunken zu werden und stundenlang über das schöne, seltsame Leben zu reden, weil es nachts in München zum Glück eh nichts Besseres zu tun gibt.

Nach dem ersten Schluck war ich verliebt in den Geschmack, eine elegante Balance aus sauren Noten und Süße, sehr kraftvoll und frisch. Nach dem ersten Glas war ich verliebt in die Wirkung, das überraschende Gefühl, dass die eigene Sprache nicht schwammiger wird, sondern genauer, der Blick nicht enger, sondern weiter – und dass unser Gespräch nicht trüber wurde, sondern zu fliegen begann: Warum das mit der Freundin des einen nicht klappt: plötzlich klar. Was mit dem Job des anderen schiefief? Gelöst. Kanye West: Genie oder Arschloch? Entschieden. Der Last Word wirkt wie ein Weltwahrheitsserum – als würde das Universum einen kurz hinter die Kulissen schauen lassen: Hier Jungs, guckt mal!

Nur eine Frage bleibt am Ende eines Last-Word-Abends offen: Was zur Hölle ist da drin? Das Rezept sagt: Gin, der Kirschlikör Maraschino, Limettensaft und grüner Chartreuse zu gleichen Teilen. Mit Eis schütteln, abseihen. Fertig. Doch die Wahrheit ist: Man weiß es nicht. Denn woraus die Kartäusermönche den Kräuterlikör Chartreuse genau zusammenrühren, ist seit Hunderten von Jahren ihr Geheimnis. Dass das eine oder andere psychoaktive Pflänzchen darunter sein mag, kann man nur ahnen, während man glücklich berauscht und leer geredet auf die Straße tapst, um das wirklich letzte Wort zu sprechen: Taxi!

CUBA LIBRE

Mangel

von Eva Biringer

Vergangenes Jahr verbrachte ich den schlimmsten Urlaub meines Lebens. Gefangen in einem kubanischen All-inclusive-Hotel, bei Wasser und einem kargen Büfett, bestehend aus den immer gleichen Kochbananen mit Reis und Fleisch – ich bin Vegetarierin. Die immer gleichen Tage vertrieb ich mir damit, so lange im Kreis zu schwimmen, bis der Bademeister skeptisch wurde. Warum ich das Hotel nicht verließ? Es ist kompliziert und hat mit meinem Vater zu tun, der draußen Klassenkampf und Anarchie vermutete. Ich verfluchte Fidel Castro, sein sozialistisches Mangelsystem und mich selbst. Bis ich den Cuba Libre entdeckte.

Bislang hatte ich diesen unsubtilen Longdrink mit Ballermann und Cocktailschirmchen assoziiert. Je nach Mischverhältnis schmeckt er entweder nur nach Cola oder verhalten nach Rum. Ich mag weder Rum noch Cola. Auf Kuba wurde das anders. Im Halbschatten der Poolbar offenbarten sich plötzlich Aromen von Vanille, Karamell und Süßholz, gebändigt vom erdigen Zuckerrohr.

Abgesehen davon, war Cuba Libre das Einzige, was die Barkeeper tadellos beherrschten. Er macht auf unverwechselbare Weise betrunken und setzt bei klarem Kopf eine beeindruckende Energie frei. Derart befeuert, wagte ich mich aus dem Hotel. In Havanna lernte ich im Museo del Ron, dass die ersten Tropfen einer neuen Flasche Rum den Heiligen, *los santos*, gehören, also ihnen zu Ehren weggeschüttet werden sollen. Eine schöne Praxis, an die sich kein Einheimischer hielt. Ob heilig oder profan, ein Cuba Libre ist zu jeder Tageszeit die richtige Wahl. Ich trank mit Blick auf den Malecón und Hemingways Stammplatz, ich trank mit Exilkubanern und dem Dolmetscher von Fidel Castro.

Natürlich befürchtete ich, zu Hause würde es sich mit meiner Entdeckung verhalten wie mit allen Souvenirs: Kaum ausgepackt, entsorgt man sie kopfschüttelnd. Zu meiner Überraschung integrierte sich der Cuba Libre lückenlos in meinen Alltag. In Zeiten der Not mahnt er zur Bescheidenheit. Dann, wenn der Durstige nicht aus 15 Sorten Manufakturen-Gin wählen kann, wenn die Eiswürfel geschmolzen und die Tumbler nicht abgespült sind. Für den Cuba Libre braucht man nicht mal ein Glas. Weil man ihn auch in einer unauffälligen Literflasche transportieren kann, ist er der ideale Begleiter auf Festivals oder Straßenfesten. Essenziell ist nur eines: der richtige Rum. Mit Stolz kann ich behaupten, hier meinen Beitrag zum kubanischen Wirtschaftsaufschwung geleistet zu haben. Auf dem Rückweg war mein Koffer voller Flaschen: fünf- und siebenjähriger Havana Club, Santiago de Cuba Añejo und der eichenholzfassgereifte Mulata im dekorativen Goldschuber. Der Zoll hat nicht nachgeschaut.

In drei Drinks durch ...

… ZÜRICH

Barkeeper weisen den Weg durch die Nacht: FRANCESCO GIAMMARCO lernt den Heiligenschein des Teufels kennen und trinkt aus einem hölzernen Schädel

Mein Abend beginnt da, wo sich mein Hotel befindet: in der Langstraße, früher bekannt als Rotlichtmeile und Drogenumschlagplatz. Eine Art schweizerische Mini-Reeperbahn, könnte man sagen. Heute ist die Langstraße eine beliebte Partyzone, und die Bewohner regen sich weniger über die Huren und Dealer auf als über Abfall und Lärm, den die Feierlaunigen hier jedes Wochenende produzieren.

Auf Empfehlung einer jungen Hotel-Mitarbeiterin lande ich als Erstes in der **Bar Dante** und bin sogleich etwas besorgt: Es liegt ein bisschen von der gewollten Coolness in der Luft, die Cocktailbars so anstrengend machen kann – und auf die man auch hierzulande immer öfter trifft, egal ob in Berlin, München oder Hamburg.

In der Bar Dante ist es dunkel, der Boden ist weiß-schwarz gekachelt, von der Decke hängen glänzende Kronleuchter. Viel Gelegenheit zum Sitzen gibt es nicht. Ein einzelner länglicher Tisch, am Ende des Raums ein Sofa. Außerdem kann man sich zu zweit in die Fensterausbuchtungen zurückziehen. Ich setze mich direkt an die Theke, an den einzigen freien Platz. Es ist Donnerstag, 21 Uhr, die Bar ist voll.

Hinter der Theke mixen eine Frau und ein Mann. Sie trägt ein dunkles Poloshirt, das gleiche wie die Bedienung, die durch den Laden läuft, er trägt ein weißes Hemd. Ich gehe davon aus, dass die Uniformen die barinterne Hierarchie widerspiegeln. Er ist der Macher, sie nur die Assistentin.

Ich nehme mir die Karte mit der Aufschrift „Dante Specials" und lese: „Apple Pie Sazerac – apple and cinnamon infused rye whiskey, clove infused absinth, vanilla, sugar, peychaud's & orange bitters. 18 Franken". Leicht überfordert, entscheide ich mich für etwas Einfacheres, den Devil's Halo, gemixt mit weißem Tequila, Cassis, Limette, thailändischem Basilikum und Ingwerbier. Ich mag Ingwer. Ingwer ist gesund.

Ich nippe an meinem Drink, der mit deutlich besserem Tequila gemacht ist als dem, den ich mit 16 getrunken und wieder von mir gegeben habe. Ich schaue mich um: Die meisten Gäste in der Bar sind jung und dunkel angezogen. Keine Emos, eher gut bezahlte Agenturleute. Sie reden und lachen und zahlen alle mit Kreditkarte, was in meinem Kopf irgendwie zu Zürich passt. Ich trinke weiter und gewöhne mich langsam an die gewollt fesche Inneneinrichtung. Über mir rotiert ein hölzerner Ventilator.

Die Bar Dante ist ohne Zweifel eine schöne Bar – und der Barmann versteht sein Handwerk. Und damit meine ich nicht nur Cocktails. Als eine Kellnerin mit drei Bieren auf einem Tablett losgehen will, stoppt er sie. Die Biere hatten nach längerem Stehen etwas Schaum verloren. Er schüttet jedes einzelne noch mal auf. So viel

Professionalität rührt mich: Ihn muss ich fragen, wo es als Nächstes hingehen soll, das ist klar.

Er empfiehlt mir einen Laden namens **Bar 63**. Liegt ganz in der Nähe. „Fair" sei es dort. Außerdem gebe es gute Drinks. „Die sind spezialisiert auf Rum."

Ich laufe die Langstraße weiter runter und brauche sehr viel länger als nötig, um die Bar zu finden. Ein Tequilacocktail reicht anscheinend, um mir die Orientierung zu versauen.

Dann erreiche ich die Bar 63 doch noch. Von außen wirkt sie unscheinbar. Das Innere ist ein großer L-förmiger Raum. Der ganze Laden besteht praktisch nur aus einer Theke. Entsprechend schwer ist es, einen Platz zu finden. Ich quetsche mich an die Bar zwischen zwei Freundespaare, die über ihren Drinks sinnieren. Weil es hier um Rum gehen soll, bestelle ich einen Dark and Stormy, Rum mit Ingwerbier, um beim Thema zu bleiben. Für den Barmann kein Problem, obwohl der Drink nicht auf der Karte steht. Ich nippe und huste, weil der Rum so stark ist, lausche dem nichtssagenden Elektropop im Hintergrund und lasse mit jedem Schluck die Zeit vergehen.

Dann fallen mir die Becher auf: hohe Holzbecher, geschnitzt wie Statuen, wie die Steinköpfe auf den Osterinseln. Ich entdecke eine ganze Reihe dieser Becher im Regal und merke: Ich verpasse hier etwas. Die Dinger stehen vor mehreren Leuten auf der Theke, mit Strohhalmen, die oben aus den Schädeln ragen.

Mein Glas ist leer, und ich beschließe entgegen der ursprünglichen Planung, hier noch einen zweiten Drink zu nehmen. Ich frage die Barfrau, was ich bestellen muss, wenn ich einen Drink mit Gesicht haben will, was als Frage bereits nach Kontrollverlust klingt. Sie verzieht keine Miene und sagt nur: „Punch 63." Den nehme ich.

Bei den Bechern handelt es sich um sogenannte Tiki-Mugs. Tikis sind Ahnen- und Götterfiguren der polynesischen Kultur. Tiki-Style war in den Sechzigern und Siebzigern in den USA in Mode, es gab Tiki-Bars, Tiki-Restaurants, alles im exotischen Inselstil. Tiki-Cocktails sind meistens wilde Mischungen aus Rum und Frucht. In der

Bar 63 gibt es dafür eine eigene Karte. Zum Beispiel den Missionary's Downfall oder den Volcano Bowl.

Inzwischen mixt die Frau hinter der Bar meinen Drink, schüttet verschiedene Flüssigkeiten aus unetikettierten Flaschen ineinander, schüttelt und lässt eine braune Brühe in meinen Tiki-Becher fließen. Ich habe den Eindruck, dass sie ein Lächeln unterdrückt, während sie das tut.

Ich sauge an meinem Strohhalm. Der Drink schmeckt gut, fruchtig, hat aber auch etwas Schärfe. Dafür benutzen sie hier einen eigens gebrannten, 63-prozentigen Rum, der verschiedene Löcher in die Erinnerungen an diesen Abend gebrannt hat.

Es muss weitergehen. Die Barfrau empfiehlt mir das **Enfant Terrible**, eine kleine Bar, die zur Abwechslung mal nicht an der Langstraße liegt. Sie beschreibt sie als ruhig, einen Ort zum Biertrinken, und hat mich überzeugt, als sie sagt, dass dort ausschließlich Hip-Hop gespielt wird.

Ich laufe also durch Zürich, weg von der Langstraße, nach Süden. 15 Minuten später stehe ich vor einem großen sechseckigen Glaskasten, von fast allen Seiten kann man hineinsehen. Ich betrete das Enfant, und der Barmann ruft mir sofort entgegen, ob ich wisse, dass sie bald schließen. Zumindest glaube ich das herauszuhören, Schweizerdeutsch verstehe ich auch nicht besser, wenn ich trinke.

Der Barkeeper, ein junger Typ im grauen T-Shirt, stellt mir ein großes Bier hin und verspricht mir auch ein zweites, selbst wenn er bald schließt. Ich sage ihm, dass ich mich nach der bisherigen Cocktaillastigkeit meines Abends über ein Bier freue. Er fragt mich, wo ich vorher war, und ich erzähle ihm vom Dante und von der Bar 63. Er lacht: „Hier legen wir Wert auf gute Musik und schlechte Drinks." Das Bier schmeckt, es kommt von einer Schweizer Brauerei namens Bier Paul.

Über der Theke sind Lautsprecherboxen als Dekoration angebracht. Auf einer Tafel stehen Zitate aus Rap-Songs, von Jay Z, Notorious B.I.G. und vom Schweizer Rapper E.K.R.: „Rap isch Klassenkampf."

Die Bar ist jetzt in einer Phase, in der Bars oft am schönsten sind. Die offizielle Öffnungszeit ist vorüber. Die meisten Gäste gehen, ein paar bleiben, weil sie wissen, dass der Barmann nicht gleich zumacht – sondern auch ein bisschen runterkommen will. Vasco, so heißt er, schenkt sich ein kleines Bier ein. Per Knopfdruck lässt er die Jalousien vor den Glasfenstern runter, stellt einen Aschenbecher auf den Tresen, schenkt mir eine Zigarette. Die Bar ist jetzt geschlossen.

Hier fühlt man sich wohl als Alleintrinker, hier wird man nicht komisch angeschaut. Im Gegenteil, Vasco hat Lust, sich zu unterhalten. Er kennt Hamburg, die Stadt, in der ich wohne. Die Leute vom St.-Pauli-Fanclub haben sie ihm gezeigt. Ein Kumpel von ihm hat vor ein paar Jahren angeblich das erste Züricher Konzert der Hamburger Crew 187 Straßenbande organisiert. Damals noch vor 30 Leuten. Heute füllt die Bande große Hallen.

Ich bin inzwischen beim dritten Bier. Es reicht. Doch bevor ich gehe, möchte Vasco noch einen Schnaps mit mir trinken. Ingwerschnaps. Weiß ja jeder: Ingwer ist gesund.

Bar Dante
Zwinglistraße 22
Di./Mi. 18–0 Uhr, Do. 18–1 Uhr,
Fr./Sa. 18–2 Uhr, So./Mo. geschlossen

Bar 63
Rolandstraße 19
Mo.–Do. 16–1 Uhr, Fr. 16–2 Uhr,
Sa. 14–2 Uhr, So. geschlossen

Enfant Terrible
Zentralstraße 156
Di.–Sa. 17–0 Uhr, So./Mo. geschlossen

WINTER-WODKA

Auf der Couch

von Sebastian Kempkens

Ich bin ein großer Fan des *day drinking*. Man sollte Alkohol nicht nur zu sich nehmen, wenn es schon dunkel wird und wenige Stunden später alle schlafen gehen. Viel klüger ist es, früh mit dem Trinken anzufangen. Es geht dabei natürlich nicht darum, sich hemmungslos zu besaufen. Die Kunst ist es, auf dem schmalen Grat des perfekten Beschwipptheitspegels zu balancieren wie ein Alkohol-Akrobat. Nicht herunterzufallen in die tristen Schluchten der Nüchternheit, sich aber auch nicht auf den einsamen Gipfel des Vollrauschs zu schießen.

Die Hochsaison des *day drinking* ist der Winter. Es ist ja kein Geheimnis, dass fast alles schlecht ist an dieser Jahreszeit. Die ersten Wochen stapft man mit durchnässten, vor Kälte tauben Füßen durch den Schneematsch, dann kauft man dicke Treter und eine hässliche Daunenjacke und sieht am Ende aus wie ein urbaner Yeti. Draußen gibt es nichts zu verpassen, und drinnen wartet: *day drinking*. Das perfekte Getränk für diese Lage ist der Winterwodka, so habe ich ihn jedenfalls getauft. Andere nennen ihn Polnische Hochzeit, aber das weckt völlig falsche Assoziationen. Es geht bei diesem Drink in keiner Weise um eine berauschte Party. Der Winterwodka ist ein Wohnzimmer-Drink.

Sie nehmen: einen guten Schuss Bison Grass Vodka, zum Beispiel Grasovka, füllen das Glas mit naturtrübem Apfelsaft auf, geben etwas Zimt und ein Blatt Minze hinzu – fertig. Das gelingt so einfach, dass Sie ihn selbst mit kältestarren Fingern mixen können, sollten Sie mal gezwungen gewesen sein, den Müll in den Innenhof zu bringen. Das Ergebnis ist der ideale Winterhybrid: ein Drink, der wie flüssiger Apfelstrudel schmeckt, also irgendwie nahrhaft ist und von innen wärmt.

Genau genommen, sind Sie nach einem Tag des gemäßigten *day drinking* mit Winterwodka am Abend so aufgewärmt, dass Sie ohne Probleme einige Stunden an der frischen Luft verbringen und ins konventionelle, sagen wir, *evening drinking* starten können.

Zurück in die Vergangenheit:
4 cl Wodka, 10 cl Orangensaft,
2 cl Galliano L'Autentico,
nacheinander in ein mit Eis gefülltes
Longdrinkglas gegossen.

HARVEY WALLBANGER

Weißt du noch?

von Sandra Danicke

Wir saßen auf der Terrasse eines Hotels an der Algarve, die Sonne war gerade mustergültig im Meer versunken, als dieser kleine Mann mit dem Besen auf uns zusteuerte. Auf seinem Hemd leuchtete ein Gladiolenmuster, und ich weiß noch, dass ich mich fragte, wieso der Hausmeister, für den ich ihn hielt, Hosen mit Bügelfalten trägt. Der Mann blieb direkt vor uns stehen. Er reckte uns den Besen entgegen: „Dance with the brush", verlangte er ein ums andere Mal, um schließlich freudestrahlend zu verkünden, dass derjenige, der die beste Tanzperformance mit dem Besen ablieferte, mit einer kostenlosen Cola belohnt werde. Wir waren perplex. Gehörte dieser Tanz in Portugal zur Folklore? Oder lag es am Getränk? Wir hatten es wegen des Namens bestellt: Harvey Wallbanger, das klang stark und unerbittlich. In Wirklichkeit schmeckte es erstaunlich mild, aber vielleicht hatten sie den Drink mit Halluzinogenen versetzt?

Mehr als 20 Jahre später sitzen wir in Jimmy's Bar vor dem gleichen Getränk – 4 cl Wodka, 10 cl Orangensaft und 2 cl Galliano L'Autentico, nacheinander in ein mit Eis gefülltes Longdrinkglas gegossen – und lachen über den Mann mit dem Besen. Anders als damals sind wir längst kein Paar mehr, und Jimmy's Bar liegt auch nicht am Atlantik, sondern in Frankfurt am Main, aber die unverkennbare würzige Süße des Galliano – ein neongelber Kräuterlikör aus Italien – katapultiert uns zurück an all die Orte, die wir damals bereist haben. „Weißt du noch, als wir mit der Mitfahrzentrale nach Estepona gefahren sind?" – „Klar. Drei Tage lang mussten wir mit dem kurdischen Kiffer und den drei Hotpants-Ladys im VW-Bus sitzen!" – „Wie hieß noch mal der Zuhälter, vor dem die auf der Flucht waren? Messer-Ulli?" – „Nee, das war Lederjacken-Freddy."

Schluck für Schluck trinken wir uns in die Vergangenheit. Zurück in all die Strandbars und Reggae-Pubs, in denen man uns nicht selten die schauderhaftesten Harvey Wallbanger mit gefärbter Limo und billigem Wodka zusammengepanscht hatte. Uns war das egal – der intensive Galliano-Geschmack übertüncht so einiges. Auch wenn man nicht zu viel nehmen darf, sonst wird es penetrant.

Erfunden wurde der Harvey Wallbanger wohl in den Siebzigerjahren. Die am häufigsten verbreitete Legende zu dem seltsamen Namen berichtet von einem Vorfall in Pancho's Bar am Manhattan Beach: Ein kalifornischer Surfer namens Harvey donnerte nach dem Genuss diverser Cocktails, die damals noch „Italian Screwdriver" genannt wurden, seinen Kopf mehrfach gegen die Wand, weil man ihn von einem Wettbewerb ausgeschlossen hatte. Andere behaupten, es sei das Surfbrett gewesen, das Harvey an die Wand geknallt habe. Erinnerung ist bekanntlich selten präzise. Und wer weiß – vielleicht hieß der Mann, vor dem die Frauen damals mit uns im VW-Bus nach Spanien flüchteten, nicht Lederjacken-Freddy, sondern Huren-Horst.

In drei Drinks durch ...

... ATHEN

Barkeeper weisen den Weg durch die Nacht: SILKE WEBER entdeckt Cocktails aus Salat – und viel Fantasie

Meine Reise durch die Nacht beginnt im **Six D.o.g.s**, einer Bar mitten im Ausgehviertel Psirri, in dem sich früher die Unterwelt traf und das heute voller Bars und Tavernen ist. Durch die Gassen ziehen auch abends noch die Gerüche des historischen Fisch- und Fleischmarkts Varvakios Agora. Ich lasse sie erst hinter mir, als ich aus einer Nebenstraße in eine Hinterhofoase trete. Das Six D.o.g.s ist eine versteckte Gartenbar, eingekesselt von Mietshäusern, beschirmt von hohen Bäumen. Hinter der Bar steht ein bärtiger Typ mit Männer-Dutt und Holzfällerhemd und *shaked* sehr fokussiert. „*Jassas*", grüßt er. Ich warte, bis ich bedient werde – *perímene*, sich einen Augenblick gedulden, gehört in der aufgedrehten Hauptstadt Griechenlands dazu. Und wer will sich an einem schönen Abend schon hetzen.

Allein 30 verschiedene Sorten Gin stehen auf der Karte. Ich sehe einen Cocktail namens Bubble Chaos und denke automatisch an Finanzblasen. Ich frage den Barkeeper, ob der Name etwas mit der Krise zu tun habe. Er antwortet: „Nein, mehr mit Fantasie", Cocktails seien für die Fantasie da.

Während er mir den Bubble Chaos mixt, schwärmt er von den Zutaten. Die Basis sei selbst gemachter Honiglikör, gemischt mit Masticha, einem Likör aus dem Gummiharz der Mastix-Pistazienbäume, die nur auf der griechischen Insel Chios in der Ostägäis wachsen. „Sehr gut für den Magen", sagt er. Hinzu kommen Ananas- und Zitronensaft, Kokosnuss, irgendwelche Bitterstoffe, Salz und Pfeffer. Vor mir steht ein Cocktail mit schneeweißer Krone und schwarzem Salz am Glasrand. Sieht gut aus, ist nicht zu süß, und das Salz gibt dem Ganzen einen Spezialeffekt.

Um mich herum lassen sich die Athener müde vom Tag auf die Holzbänke zwischen den Bäumen fallen. Ich sehe Anzugträger, Künstlertypen und auch Touristen. Das Publikum ist angenehm gemischt, für jeden gibt es hier eine Nische. Außerdem hat der Garten mehrere Etagen. Ich beschließe aber, sie nicht zu erkunden, und frage den Barkeeper lieber nach einer weiteren Bar. Er empfiehlt mir **The Clumsies** auf der Praxitelous-Straße. Es liegt zwischen Psirri und dem Syntagma-Platz, dem Platz der Verfassung, zu Fuß keine 500 Meter entfernt.

Im The Clumsies flitzt mein Blick über den Tresen: Hier dampfende Stickstoffwolken, dort wird irgendwas flambiert, dazwischen gefüllte Gläser in ungewöhnlichen Formen und Farben. Das Clumsies ist eine Mischung aus molekularer Küche und mittelalterlicher Chemie, modern und mystisch zugleich, Metall und Holz. Meine Augen fühlen sich direkt unterhalten. Ich bin aber skeptisch, als mir der tätowierte Barkeeper wortlos die Karte und eine kleine Schwarzlichtlampe reicht, damit ich die fluoreszierende Schrift lesen kann. Bisschen zu cool, denke ich. Andererseits auch sicher praktisch, in einem Land, in dem selbst jeder Zehner argwöhnisch auf seine Echtheit geprüft wird. Unter Schwarzlicht kann man Falschgeld erkennen.

Ich blättere mich durch das Menü, und nebenbei fällt mein Blick auf die Serviette unter dem obligatorischen Glas Wasser. Prost steht darauf, in verschiedenen Sprachen, *cin cin, chai yo,* auf Griechisch sagt man *yamas.* Das erinnert mich daran, wie international Athen eigentlich ist. Eine Stadt voller Expats und Künstler, und die unter 40-jährigen Griechen sprechen größtenteils gut Englisch. Man kommt hier auch ohne Griechischvokabeln durch die Nacht.

Ich bestelle einen Mediterranean Gimlet. Ich liebe Gimlet! Der ist so minimalistisch. Ein richtiger besteht zur einen Hälfte aus Gin und zur anderen aus Rose's Lime Juice – aus sonst nichts. Trotzdem ist es irre schwer, die richtige Balance zwischen Wacholder und Zitrusnote zu finden. In der Clumsies-Karte lese ich, dass sie den Gimlet hier mit Star of Bombay Gin und griechischem Salat machen. Griechischer Salat? „Wie geht das denn?", frage ich den stillen Barkeeper. Lakonische Gegenfrage: „Hast du schon mal griechischen Salat gegessen?"

„Klar."

„Und, was ist da drin?"

Ich zähle auf: „Feta, Tomaten, Gurke, Paprika, Oliven und Petersilie."

„Ne", sagt der Barmann, und meint Ja (Nein heißt *ochi*). Das alles sei da drin. Nur kein Feta.

Der Gimlet kommt in einer simplen Cocktailschale, er ist fast transparent, so soll es sein, nur auf dem Grund schwimmt ein Kapernblatt. Er ist süßlich, sauer und würzig zugleich. Ich bin überrascht, wie gut er schmeckt. Noch einen Schluck, und die Skepsis verfliegt endgültig. Auch der wortkarge Barmann wird jetzt redseliger. Auf meine Frage, wo ich als Nächstes hingehen soll, antwortet er: **„Seven Jokers**. Da gehen wir Barkeeper immer zur After Hour hin."

Ich lasse mich also von der Praxitelous-Straße weitertreiben, vorbei an marmorumkleideten Gebäuden, halb fertigen Bauruinen und hupenden Mopeds. Athen erinnert ein bisschen an Berlin in den Jahren nach dem Mauerfall. Es gibt viele Brachflächen und damit viele

Freiräume. Überall nisten sich Künstler ein, sorgen für Abwechslung durch ihren Erfindungsreichtum, wie zum Trotz gegen die erdrückende Sparpolitik.

Das Seven Jokers wirkt irgendwie theatralisch und mit dem roten Licht hinterm Tresen auch ein bisschen puffig und gleichzeitig wahnsinnig entspannend. Von der Decke hängen Harlekine, und die Musik, irgendwas aus den Neunzigern, dröhnt so rücksichtslos laut aus den Boxen, als wolle man sich kollektiv betäuben. Trotz des zehnten Jahres in der Krise sind die Bars immer voll. Auch am Dienstag um zwei Uhr.

Die Barfrau Armelina zeigt mir ihre speziellen Mixturen, benannt nach den sieben Todsünden. Ich wähle Wut und bekomme eine knallrote Flüssigkeit im Glas aus Beefeater, Campari, Mango, Chili und etwas Zitrone, die aber zuckersüß schmeckt. Die meisten trinken hier Biere wie Alfa, Fix, Vergina oder Hartes wie Tsipouro, den traditionellen griechischen Tresterbrand aus Trauben, die nicht für die Weinproduktion geeignet sind.

Inzwischen tanzen die Leute, vermutlich weil es eh zu laut ist, um sich zu unterhalten, oder weil sie einfach genug haben vom Probleme-Bereden. Stattdessen landen ihre Zigaretten auf dem Schachbrettboden. Dass seit 2008 ein Rauchverbot gilt, interessiert niemanden. Die meisten grölen zur Musik mit. Athener Nächte sind wie ein Ventil für die Sorgen des Tages. In der Nacht regieren Freiheit und Fantasie.

Six D.o.g.s
Avramiotou 6–8
So.–Do. 10–3 Uhr,
Fr./Sa. 10–4 Uhr

The Clumsies
Praxitelous 30
So.–Do. 10–2 Uhr,
Fr./Sa. 10–4 Uhr

Seven Jokers
Voulis 7
Mo.–Do. 10.30–4.30 Uhr,
Fr. 10.30–6 Uhr,
Sa. 15–6 Uhr,
So. 18.30–4.30 Uhr

OUZO

Auch schon egal jetzt

von Karin Ceballos Betancur

An einem ganz normalen Wochentag, Freunde sind spontan zum Essen vorbeigekommen – die Wochenenden sind bis KW 24 dicht. Ihr habt euch darauf verständigt, dass es nicht so spät werden darf heute, weil ja morgen alle früh rausmüssen. Du hattest dir fest vorgenommen, gesittet zwei Gläser Wein zu trinken, die Gäste zu verabschieden und dann ins Bett zu gehen, um den nächsten Morgen ausgeschlafen und erholt mit einem strahlenden Lächeln zu begrüßen. Arbeitnehmer-self-high-five!

Mittlerweile ist die siebte Rotweinflasche leer. Zugegeben: Ein Teil davon trocknet auf dem Teppich unter einem Salzberg, aber recht überwiegend ist der Inhalt schon in euch gelandet. Es war ein wunderbarer Abend, und er ist immer noch toll. Ihr habt diskutiert, euch unterhalten und einander schmeichelhafte Dinge gesagt, die ihr einander immer schon mal sagen wolltet. Klar ist an diesem Punkt: a) Deine Freunde sind die großartigsten Menschen auf der ganzen Welt, und b) Morgen aufstehen wird die Pest. Dann holt jemand die Ouzoflasche. Wo genau die Grenze zwischen Vernunft und Auch-schon-egal-jetzt verläuft, ist nicht kartografiert. Aber die Ouzoflasche ist ein untrügliches Zeichen dafür, dass sie überschritten wurde. Natürlich taugt das Getränk auch zum Verdauen, weshalb es in griechischen Restaurants gern nach dem Essen gereicht wird, aber am Ende hat ja auch das was mit Loslassen zu tun. Ouzo ist wie ein herzensguter alter Freund, der zu fortgeschrittener Stunde die Wohnung betritt, sich ratzfatz nackig macht und zum dionysischen Gelage trötet. Hoch die Tassen.

Ouzo macht es dir leicht. Du musst ihn nicht von links nach rechts im Mund wälzen und hinterher irre kluge Dinge über ihn sagen. Es gibt keine berühmten, komplizierten Cocktails, die seine Teilnahme erfordern. Ouzo gibt es mit und ohne Wasser. Fertig. Mit Wasser wird das Getränk milchig, ohne Wasser knallt es mehr, und der Anis brüllt dir in die Nebenhöhlen. Der *catchy* Werbeslogan „Ich trink Ouzo, was machst du so?" wirkt immer brillanter, je mehr der Morgen graut. Apropos: Er wird grauenvoll, der nächste Morgen.

SLOE GIN FIZZ

Nenn mich nie wieder süß!

von Mareike Nieberding

Ich habe ein Regal gebaut, drei Meter 20 hoch, ein Meter 60 breit. Es musste in eine Nische manövriert werden. Maßarbeit. Ein Hoch auf die Emanzipation! Aua. Nach zehn Stunden schleppen, rechnen, bohren verlasse ich die Werkstatt, mein Wohnzimmer, und treffe eine Freundin. Sie ist Beautyredakteurin. Ihre Augenlider überzieht stets ein zarter Frischefilm. Sie hat kein Problem damit, ein Mädchen zu sein. Ich schon. Wenn ein Mann sagt, ich solle nicht

„so frech" sein, raste ich aus. Ich will nicht süß gefunden oder „Kleine" genannt werden. Ich habe lange blonde Haare. Ich bin eigentlich ganz nett. Aber wenn ich einen Möbelladen betrete, in dem alle Produkte dem Ansatz „shrink it and pink it" folgen, sehe ich keine Stühle mehr, nur den Untergang der Frau. Übertrieben? Der amerikanische Journalist Marc Spitz hält das Weichzeichnen für den wichtigsten Trend seit Punk. Er nennt ihn *twee*, was so viel heißt wie „so süß, dass einem schlecht wird". Dagegenhalten? Auf jeden Fall! Aber vielleicht kann man sich das Pink auch aneignen, statt es abzulehnen? Bei einem Sloe Gin Fizz mit der Beautyredakteurin etwa. Der Drink sieht aus wie ein Erdbeermilchshake. Dafür sorgen 4 cl Sloe Gin, ein Likör aus Schlehenbeeren, der in der Flasche blutrot leuchtet. Aufgeschüttelt mit 1,5 cl Gin, 3 cl Zitrone und 1 cl Zucker wird das Ganze zu einem schaumigen Kleinmädchentraum. Noch ein Spritzer Soda und Peychaud's Bitters. Der erste Schluck prickelt, der sonst stechend süße Likör schmeckt nun frisch und sauer, die Wut schwindet: Wo kaufst du eigentlich deine Augencreme? Schluck zwei wälze ich am Gaumen, als wäre es ein überteuerter Smoothie: Benutzt du Concealer? Schluck drei: Meine Freundin geht zur Toilette, ich ziehe mein Handy aus der Tasche und bestelle heimlich ihre Beautyprodukte nach. Ist das Glas leer und das nächste auch, gehe ich nach Hause. Ich lackiere mir die Nägel. Mit leichtem Schwindel liest sich Pink fast wie Punk.

*Der Klassiker unter den After-Dinner-Drinks:
Zwei Teile Wodka und einen Teil Kaffeelikör
in ein Whiskeyglas geben,
Eiswürfel dazu und mit leicht dickflüssig
geschlagener Sahne auffüllen.*

WHITE RUSSIAN

Gesättigt

von Merlind Theile

Ein Samstagabend in Ihrer Wohnung. Sie haben gut gegessen. Vormittags frische Sachen auf dem Markt gekauft, nachmittags angefangen zu kochen, abends mit Ihren Gästen das Tagwerk verzehrt, Rote Bete Suppe mit Ziegenfrischkäse vielleicht und als Hauptgang Tafelspitz mit Kartoffelsoufflé, aber was es gab, ist nebensächlich. Wichtig ist: Es war köstlich, und Sie sind satt. Was jetzt noch fehlt, ist etwas Süßes, aber ein Dessert übersteigt die Aufnahmekapazität Ihres Magens. Ein Kaffee wäre auch nicht schlecht, aber so spät noch viel Koffein ... Alkohol allerdings geht immer. Und so schlägt die Stunde des White Russian.

Der White Russian ist ein klassischer After-Dinner-Cocktail – Eisbecher, Latte macchiato und Verdauungsschnaps in einem. Geben Sie zwei Teile Wodka und einen Teil Kaffeelikör in ein Whiskeyglas. Eiswürfel dazu und mit leicht dickflüssig geschlagener Sahne auffüllen. Okay, man kann auch Milch nehmen, aber Fett ist bekanntlich ein Geschmacksträger und die Bikinisaison noch fern.

Weich rinnt der Drink Ihre Kehle hinab, er schmeckt süß und von ferne nach Kaffee. Sanft wiegt er Sie in diese wunderbare Trägheit, die nur ein wirklich guter Digestif nach einem wirklich guten Essen herzustellen vermag.

Nun ist der Moment, mit den Gästen zur Couch zu wechseln und vielleicht einen Film einzulegen. Nichts passt in diesem Augenblick besser als The Big Lebowski. Damit haben die Coen-Brüder nicht nur dem Hauptdarsteller Jeff Bridges, sondern auch dem Lieblingsgetränk seines Antihelden ein Denkmal gesetzt. Der White Russian ist Lebowskis bester Freund, er trinkt ihn nicht nur als Digestif, sondern eigentlich immer. Und wenn er gerade keinen trinkt, dann mixt er sich einen. Meist sieht man den „Dude", einen sympathischen Verlierer, in seiner bevorzugten Freizeitkleidung: Bademantel und Strandschlappen. Sein Anblick bricht das bourgeoise Setting in Ihrem Wohnzimmer und trägt zur Entspannung bei.

Trinken Sie nun mit dem Dude, und wenn Sie es ernst meinen, dann trinken Sie zum Ausklang des Abends genauso viele White Russians wie er im Film: neun Stück. Ausreichend Schlafplätze für komatöse Gäste und Aspirin für den nächsten Tag sollten in diesem Fall allerdings bereitstehen.

DAS DAMENGEDECK

Frau am Tresen

von Greta Taubert

Ich gehe gern allein in Bars. Ich sitze gern allein am Tresen. Ich gehe gern allein was trinken. Diese drei Hauptsätze, von einem Mann ausgesprochen, sind unproblematisch. Die Kneipen dieses Landes sind voll von vollen Männern, die vor einem Bier und einem Korn sitzen. Das Herrengedeck hat Tradition, das braucht der Arbeiter manchmal einfach zum Feierabend. Da werden ihm zur Abwechslung mal richtig schön die Beine weggezogen – wo er doch tagsüber so tapfer seinen Mann stehen muss. Nun gibt es zwar immer mehr arbeitende Frauen, aber der Barbereich bleibt eine Männerdomäne. Das liegt einerseits daran, dass kein weibliches Pendant zur traditionellen Bier-und-Korn-Kombi bekannt ist. Andererseits scheinen alleinstehende Frauen mit Glas in der Hand für viele noch immer etwas Unbeholfenes bis Würdeloses an sich zu haben. Die auf ihr Ansehen bedachte Gleichstellungsbetrinkerin hat also deutlich mehr als ein Alkoholproblem: Nuckelt sie an einem Cocktail, gerät sie in Verdacht, auf Sex aus zu sein. Kippt sie eine Weinschorle, wird sie am Tresen nicht ernst genommen. Zieht sie sich eine Flasche Bier rein, wirkt das burschikos. Bestellt sie sich ausschließlich Jägermeister, ist sie schnell auf ordinäre Weise besoffen.

Ich möchte niemanden zum Alkoholismus anstiften, allerhöchstens zur Emanzipation. Wenn es also doch einmal dazu kommt, dass man sich als Frau allein am Tresen einen Drink bestellt, empfehle ich das Damengedeck. Das sind im Wesentlichen ein Schaumwein (Prosecco, Sekt, Champagner – je nach finanziellen Möglichkeiten) und ein Wodka, die nacheinander genippt, niemals gestürzt werden. Das erzeugt einen schönen Rhythmus aus sprudelnder Euphorie und ernsthafter Eskalation. Erfahrungsgemäß ist auch der nächste Morgen erträglich. Es heißt, dass die große Hildegard Knef einst nach etwas verlangte, was ihr mal richtig Beine macht, und daraufhin einen Mundvoll Champagner und einen Mundvoll Wodka serviert bekam. In der Berliner Victoria Bar wird das Gedeck im Gedenken daran in kleinen Gläsern auf einem reizenden Silbertablett serviert. Sonst wird das Damengedeck meines Wissens nirgends unter diesem Begriff geführt. Damit lässt es sich gut als Einstieg in eine leichte Feierabendunterhaltung nutzen.

CLOUD JUICE

Waschzwang

von Michael Allmaier

Verbreitet ist ja die Angst, sich beim Essen inwendig zu verschmutzen. Umweltgifte, Keime, Allergene: Was setzt sich da nicht alles im Organismus fest? Zum Glück gibt es Getränke. Sie stillen den Durst, teils schmecken sie gut, aber das sind Nebensachen. Vor allem dienen sie dazu, den schädlichen Einfluss der Nahrung aus dem Körper zu waschen. Es spricht für sich, dass alle möglichen Flüssigkeiten als kristallklar und naturrein beworben werden, vom trüben Bier bis zum gemeingefährlichen Wodka. Noch mehr versprechen Detox-Tees oder verdauungsfördernde Säfte: Sie sind nicht nur rein, sondern auch reinigend, Putzmittel für die innere Kloake.

Nun könnte man meinen, die sauberste aller Flüssigkeiten sei das schlichte Wasser. Doch auch vor ihm macht die Angst nicht halt.

Manche fürchten Schwermetalle, andere Nitrate oder potenzhemmende Hormone. Man brauchte ein Wasser, das unberührt ist von der schmutzigen Hand des Menschen.

Mir hat mal jemand eine Flasche Cloud Juice geschenkt. Sie sieht aus wie ein gewöhnliches Mineralwasser; drin ist aber Regenwasser, und zwar laut Etikett 9750 Tropfen. Und natürlich kommen die auch nicht aus irgendwelchen Wolken, sondern aus denen über der tasmanischen Insel King Island, wo die Luft besonders unbelastet sein soll. Denn auch bei Regenwasser kann man nicht vorsichtig genug sein. In einem Schweizer Onlineforum für Abenteurer gibt es dazu eine erhellende Diskussion. Gewarnt wird vor Ruß, Feinstaub, Pollen, Vulkanasche, Vogelkot, radioaktiver Strahlung und Giftschwaden nach Fabrikunfällen. Am Ende setzen sich die Vorsichtigen („keinesfalls trinken") gegen die Desperados („zweifach filtern müsste genügen") durch.

Mit diesen Gedanken schraube ich die Flasche auf. Das reinste Wasser meines Lebens. Ein paar der weltbesten Restaurants bieten es für 20, 30 Euro an. Es soll nämlich auch köstlich schmecken. Die ersten 125 Tropfen rinnen über meine Lippen. Ich schriebe jetzt gern, sie brächten die Erinnerung an eine eigene Reise zurück. An die grünen Hügel Tasmaniens, die Papageienschwärme am gar nicht so wolkigen Himmel. In Wahrheit denke ich bloß: Schmeckt wie verdünntes Wasser. Ein bisschen metallisch vielleicht? Nein, das ist noch die Zahnpasta von heute Morgen. Staunend lese ich, was Wasserkenner dem Cloud Juice zuschreiben. Einer findet ihn „pelzig", ein anderer „nussig", der Abfüller selbst spricht von Süße.

So ist das wohl mit der Reinheit: Man braucht einen Rest von Unreinheit, um zu spüren, dass es sie gibt. In Reinform ist sie ziemlich fade. Es macht allerdings großen Spaß, nach einem Glas Cloud Juice normales Wasser zu trinken und zu spüren, wie aufdringlich es plötzlich schmeckt. Kein Zweifel, das ist der Schmutz! Dass man für diesen Effekt eine Flasche Regenwasser vom Ende der Welt kommen lässt, ist sicher diskutabel. Aber ich kann versichern: Einen Beigeschmack hat es nicht.

In drei Drinks durch ...

… MÜNCHEN

Barkeeper weisen den Weg durch die Nacht: HELMUT ADAM erblickt im Cocktailglas das Physiktrauma seiner Schulzeit

Charles ist mit dem Drink nicht zufrieden. „Zu wenig Schaum", erklärt er seinem devot danebenstehenden Barmann. Prüfend hält er das Glas gegen das Deckenlicht und gießt dann einfach einen Schwall ab über Tisch und Boden, bis der Cocktail das richtige Füllmaß erreicht hat. Unser fassungsloses Lachen quittiert er mit einem lausbübischen Grinsen und wirft dann eine Serviette auf den Tisch, mit der wir die Negroni-Reste aufwischen dürfen.

Wir sind zu Gast im Tempel und der Hohepriester der Barkultur, Charles Schumann, muss sich und uns nichts beweisen. Diener ist er nur gegenüber seinem Streben nach Perfektion. Und der muss sich eben auch eine eigentlich einfache Abwandlung des Aperitif-Klassikers Negroni aus gleichen Teilen Campari Bitter, Wermut und Gin fügen.

Auch in der Münchner Society darf sich glücklich schätzen, wer von ihm und seinen weiß gewandeten Bar-Druiden ab und an einen Platz am Altar zugewiesen bekommt. Die Reserviert-Schilder werden nur für diejenigen von den Tischen gehoben, die man kennt und die sich dem Haus in Demut angenähert haben. Auf den Gast aus dem Norden wirkt das arrogant. Dabei ist diese Bugwelle, die im ersten Moment unterkühlt wirkende Distanz, pure Notwendigkeit, wie mir auch mein Begleiter versichert: „Das musst du, sonst wirst du hier in München untergepflügt."

Und so ist man auch immer froh, nur genießender Gast in der schönen Stadt an der Isar zu sein und den Snobismus, mit dem sich Teile des betuchten Bürgertums hier täglich einparfümieren, nur ab und an als kleine Duftwolke von fern wahrnehmen zu müssen. Ansonsten sind die Zähne hier immer etwas weißer geputzt oder gebleicht als anderswo in Deutschland. Die Menschen auf der Straße einen Quäntchen gepflegter gekleidet. Die schmucken Gründerzeitfassaden nachts immer einen Ticken besser ausgeleuchtet als in anderen Metropolen.

Und das macht auch glücklich auf dem Aperitivo-beschwingten Weg zur nächsten Station der Nacht, die der Barmann im **Schumann's** uns als Tipp mitgegeben hat.

In der Buttermelcherstraße, unweit des Gärtnerplatzes, huldigt man dem sogenannten Rotovap, einem sündhaft teuren Laborgerät. Dieses lächelt uns auch kalt am Tresen an, während sich in seinem Kolben eine rote Flüssigkeit dreht. „Wir hatten nur keinen anderen Platz dafür", erklärt der Barmann mit einem Augenzwinkern. Keine technische Prahlerei, sondern Mittel zum Zweck also.

Der Rotationsverdampfer, so die genaue Bezeichnung für das Monstrum aus Metall und Glas, funktioniert offenbar so ähnlich wie eine Destille, wie ein verschämter Blick aufs Telefon unter dem Tresen ergibt. Vorn wird etwas erhitzt und hinten mithilfe von Kälte und Vakuum aufgetrennt. Und die Temperatur kann man dabei steuern, um eine maximale Aromenausbeute zu erzielen. Und dann ist da noch die Rede von Adhäsionskräften, Siedeverzug und Druck in mbar. Und das ist auch der Punkt, an dem ich im Physikunterricht spätestens ausgestiegen bin. Und das tue ich tunlichst auch hier. Denn ich will schlicht und einfach einen Drink.

Der Barmann der Bar – irgendwie sind in München gefühlt alle Tresenkräfte Männer – wirkt aber vertrauenswürdig. Und so fragt man höflich, ob man das Rote aus dem Kolben der Maschine auch in Cocktailform bekommen könne. Man kann! Und das anschließend in einer schlichten Schale gereichte Elixier mundet in einer bis dato ungekannten Dimension nach Himbeere. Als hätte man diese Frucht in ihre einzelnen Moleküle zerlegt und dann wieder neu zusammengesetzt. Mit ein paar Alkoholika als Fugenmasse natürlich.

Verwundert nehme ich Schluck um Schluck und sehe mich um. Essen kann man auch in der **Ménage Bar** und überhaupt wird der Koch wohl bei der Cocktailkreation häufig konsultiert, wie ich erfahre. Wenn etwa die gelieferten Himbeeren zu sauer seien, gebe man etwas Olivenöl mit in den Rotationsverdampfer.

Das überfordert in diesem Moment am Tresen meine Vorstellungskraft. Und angesichts der kargen Inneneinrichtung des Lokals frage ich mich, ob ich Teil eines Laborexperiments bin. An den Tischen der Bar sitzen aber keine weißen Labormäuse, sondern erstaunlich viele Frauen. Und denen sagt man bekanntlich eine gute Sensorik nach. Außerdem spricht das Ergebnis im Glas für sich. Und genauso schnell leert es sich auch.

Der einzige Nachteil dieser flüssigen Kreativschmiede sind die Cocktailnamen für die Neukreationen. Denn auch wenn ich kurz vor dem Verlassen der Bar noch einmal explizit danach gefragt habe, ist er mir ein paar Ecken und Gründerzeitfassaden weiter bereits entfallen.

Wir sind auf dem Weg ins **Patolli**, einen der Orte, die uns im Ménage empfohlen wurden. Fast übersieht man diese Kaffeebar, die sich seit ein paar Jahren abends in einen kleinen, ambitionierten Cocktailtempel wandelt. Sie fungiert wie eine Art nächtlicher Wächter am Sendlinger Tor, von wo aus man früher den Weg nach Italien antrat.

Und zum Glück sind hier in der angeblich nördlichsten Stadt des Stiefelstaates sogar zwei Plätze am Tresen frei. Denn es passen nur eine Handvoll Gäste in den schmalen Schlauch des Lokals. Irgendwie fühlt es sich daher sofort familiär an, hier zu sitzen. Und man wagt entsprechend auch, eine in Zeiten von Cocktails, die aus Laborverdampfern gewonnen werden, vergleichsweise profane Order auszusprechen. Der Gin & Tonic kommt in einem hohen Glas mit riesigen Eiswürfeln und einem vom Barmann empfohlenen besonders trockenen Tonic Water an der Seite zum Gast.

Und das funktioniert geschmacklich hervorragend. Immer wieder. Ich stelle mir vor, wie gerade rund um den Globus Tausende von anderen Erdenbürgern vor dem gleichen Getränk sitzen. Dem kleinsten oder dem großartigsten gemeinsamen Nenner unserer Zeit. Und das fühlt sich beschwipst souverän an in dieser Stadt, in der sich jährlich die Mächtigen zur Sicherheitskonferenz treffen.

Schumann's Bar am Hofgarten
Odeonsplatz 6–7
Mo. – Fr. 8–3 Uhr,
Sa./So. 18–3 Uhr

Ménage Bar
Buttermelcherstraße 9
Mo.–Do. 18–2 Uhr,
Sa. 18–3 Uhr

Patolli
Sendlinger Straße 62
Mo.–Fr. 17–1 Uhr,
Sa. 10–2 Uhr,
So. 12–18 Uhr

SCHWER-MATROSE

Kinderfrei

von Claas Tatje

Die Kinder werden an diesem Abend den Großeltern überlassen. Als die Haustür von außen ins Schloss fällt, sinkt mein Puls langsam unter 100. Freiheit! Das müssen wir jetzt verschärft genießen. Nach dem Theater gehen wir in ein Restaurant mit ausladender Cocktailkarte. Erst mal ein Bier. Als das leer ist, ist es fast elf. Um die Dinge zu beschleunigen, bestelle ich ein Getränk, das ich zuletzt als Student trank und seither aus Respekt vor der Wirkung gemieden habe. Den Schwermatrosen. „Wow", sagt die Kellnerin.

Dazu muss man wissen, dass der Schwermatrose ein Cocktail ist, der aus 3 cl Bacardi 151, 2 cl dunklem Myers's Jamaica Rum, 2 cl Bacardi weiß und 1,5 cl Tia Maria Likör besteht, dazu 4 cl Lime Juice und 2 cl Zitronensaft. Rum mit Rum also, dazu ein bisschen Rum. Die Zutaten werden auf Eis geschüttelt und in ein mit Eis gefülltes Glas gegeben. Serviert wird der Schwermatrose idealerweise mit einem Glas Wasser. Beim ersten Mal wollte ich das zurückgeben. „Du wirst es brauchen", mahnte der Barkeeper.

Heute passt meine Frau auf. Erst mahnt sie, nicht zu schnell zu trinken, dann bestellt sie fettige Tortillas, schließlich nimmt sie mir die pinken Strohhalme (Waren es wirklich zwei?) weg. Angeblich, so geht die Legende, steigt der Alkohol auf diese Weise nicht so schnell zu Kopf. Aber dafür ist es zu spät. Schon nach 15 Minuten lächle ich selig vor mich hin, ein Zustand, der erst getrübt wird, als ich sehe, dass das Glas noch halb voll ist. Mit dem Schwermatrosen ist es so eine Sache. Er zeigt ungeheuer Wirkung, schmeckt aber wie ein Cuba Libre auf Helgoland (da wird gefühlt die Cola weggelassen). Scharf, fast stechend, die wenigen Vanillenoten tötet der Alkohol. Das liegt sicher an dem 75-prozentigen Bacardi 151. Und all dem anderen Industrie-Rum.

Erfunden hat dieses Getränk im Jahr 1983 der legendäre Charles Schumann, Jahrgang 1941. Er habe, erzählt er mir später am Telefon, mit neuen Rumsorten experimentiert. Und wer, wenn nicht Matrosen, könnten diesen Drink vertragen. Heute empfiehlt er, das Rezept leicht abzuwandeln – mit dem Saft einer halben frischen Limette und als Lime Juice 4 cl von Rose's. „Aber eigentlich kann ich den gar nicht mehr empfehlen, der ist einfach zu stark." Als ich im Bett liege, fühle ich mich ungefähr doppelt so alt wie Schumann. Zum Glück sind die Großeltern da. Die können sich ja morgen um die Kinder kümmern.

BELUGA WODKA

Beziehungskrise

von Alice Bota

Woran der Alkohol schuld sein soll: an Frauen mit verwischter Wimperntusche, deren aufgelöste Gesichter an impressionistische Porträts erinnern. An Männern, die auf der Straße grölend blankziehen. Und schreit sich irgendwo ein Paar an, haben die Nachbarn den Verdacht: Das muss der Alkohol gewesen sein. Alkohol, zuständig für die Zerstörung von Beziehungen, von Leben. Den miesesten Ruf hat Korn, gefolgt vom Wodka in seiner reinen Form – derb und nicht verhipstert mit Club-Mate oder Ingwerbier. Der klare, reine Wodka, das ist etwas für Krieg und Kälte und Unglück, etwas für die Untröstlichen und Verlorenen.

Völlig verkannt ist die Fähigkeit des Wodkas, Beziehungen zu klären. Es ist dafür wichtig, keinen billigen Fusel zu trinken, die Gorbatschows und Putinkas und Jelzins also zu verbannen und stattdessen einen weichen, einen schmeichelnden Wodka zu wählen, einen, der die Sinne schärft. Der Gefühle freilegt. Ist der Wodka so gut wie der russische Beluga, muss er nicht einmal gekühlt sein. Und dann lasst auch die albernen Fingerhutgläser im Schrank stehen. Maßhalten tun wir viel zu oft im Leben. Die Gläser voll, mit Schwung eingeschenkt: Bei manchen wächst jetzt der Mut, sich einzugestehen, dass sich ihre Liebe überlebt hat. Das ist traurig. Die anderen aber, die bloß vom Alltag Verwirrten, sehen klarer. Kurz kommt vielleicht Rührseligkeit auf, die verwundert, aber hey, das Leben ist halt rührend und manchmal auch einfach zum Weinen.

„Es wird spät, aber wozu brauchst du die Uhrzeit?", fällt dir ein, aus dem Säuferroman von Wenedikt Jerofejew, und die Zunge wird schwer, und die verbalen Spitzen, im Alltag in Stellung gebracht, brechen ab. Du ahnst, morgen wirst du nicht mehr genau wissen, wer was wie gesagt hat, aber das Gefühl wird bleiben, das reine, unverstellte Gefühl. Darauf kommt es an. Ihr habt gerade eure Zukunft verhandelt, die dir eben noch so kompliziert erschien, du erinnerst nicht mehr genau, worauf ihr euch geeinigt habt, aber was macht das schon, wenn die Wörter weich und verzeihlich werden. Wenn die Gewissheit bleibt, beim richtigen Menschen zu sein. Lubow heißt die Liebe auf Russisch. Könnte es ein schöneres Wort dafür geben? Befreit von rollenden Rs und knackenden Ks, leicht hinzulallen in all seiner Schönheit.

STEINHÄGER
Revival

von Oliver Hollenstein

Auf der Flasche steht: „Trinke ihn mäßig, aber regelmäßig." Vielleicht hätte ich schon vor 15 Jahren auf das Etikett schauen sollen. Womöglich hätte ich Steinhäger dann nicht übermäßig und zwangsmäßig getrunken, und mir fiele heute zu seinem Geschmack mehr ein als: ekelhaft.

Den ersten Steinhäger meines Lebens habe ich von Horst bekommen. „Anders hältste das nicht durch", sagte er und reichte mir ein Pinneken, wie im Sauerland Schnapsgläser genannt werden. Horst war damals Mitte 60, ich war 15. Es war mein erstes Schützenfest als Musiker, das hieß: drei Tage Trompete spielen, von mittags bis nachts um zwei Uhr.

In vielen Orten im Sauerland und in Westfalen treffen sich einmal im Jahr die Männer und schießen auf einen Holzvogel an einer Stange. Der Schütze, der den Vogel abschießt, wird zum König gekürt. Dieses freudige Ereignis wird drei Tage lang mit Unmengen Alkohol, mit Tänzen und Festumzügen gefeiert.

Ich wollte damals mit Musik mein Taschengeld aufbessern. Steinhäger, so erklärte mir Horst, entspanne die Lippen. Meine Lippen ließen sich davon nicht beeindrucken. Das war aber egal: Wer nicht trank, geriet unter Snobverdacht. Deswegen trank ich mit den anderen Musikern, die wenig redeten, aber sehr viel vertrugen. In den folgenden Jahren habe ich in vielen Sauerländer Musikgruppen gespielt. Steinhäger trank man überall. Ein Verein schleppte sogar einen Kühlschrank mit auf die Bühne, vollgepackt mit den schweren Flaschen aus Ton.

Außerhalb des Sauerlands ist mir Steinhäger nie wieder begegnet – bis vor Kurzem. Da war ich in einer angeblich sehr hippen Cocktailbar im Studentenstädtchen Jena. Der Barkeeper sagte, Steinhäger sei „geiles Zeug, absolut spitze". Wacholderschnaps. Wie Gin. Und Gin sei total in. War ich vor 15 Jahren vielleicht einfach nicht reif genug für diesen offenbar doch ganz hippen Brand? Ich habe im Internet eine Flasche Steinhäger bestellt. Ich habe sie aufgedreht, dran gerochen. Mir schoss die Textzeile „Auf die Vogelwiese ging der Franz, weil er gern einen hebt" in den Kopf. Ich habe mich nicht getraut zu probieren. Für eine kulinarische Kolumne sei das allerdings zwingend notwendig, erklärte mir der zuständige Redakteur. Also bin ich mit der Flasche in sein Büro.

Was soll ich sagen? Ein guter klarer Schnaps, leicht fruchtig, erstaunlich mild. Das Aroma hat etwas von Vanille, wenn man sich darauf einlässt. Man könnte sich diesen Steinhäger fast als Aperitif vorstellen. Vielleicht sollte ich mal wieder in die Heimat reisen. Die Schützenfestsaison hat ja begonnen.

PASTIS DE MARSEILLE

Lasst mich rein!

von Georg Blume

Wenn meine Eltern während des Urlaubs im südfranzösischen Ferienhäuschen die Nachbarn besuchten und Pastis tranken, den Pastis de Marseille von Ricard, dann bekam ich, das Kind, Teisseire-Sirup, Pastis ohne Alkohol. Mein Vater, der im Krieg Frankreich erobert hatte, zwang mich, das gelbe Gebräu ohne Mucks auszutrinken. Ich habe es gehasst.

Trotzdem musste ich irgendwann feststellen, dass ich ohne Pastis nie ankommen würde in Frankreich. Der Anislikör ist so etwas wie eine Eintrittskarte für die französische Gesellschaft. Er gehört eigentlich nach Südfrankreich in ein Café, wie es die Impressionisten malten, mit Holztresen, orangefarbenen Wänden und roten Bänken. Genau so ein Café ist das Cercle de l'Avenir im Weinstädtchen Correns nördlich von Marseille. Correns ist so schön, lieblich und behaglich, dass Brad Pitt und Angelina Jolie sich hier ein altes Weingut gekauft haben. Nicht weit von Correns liegt Picasso begraben. Eigentlich will die ganze Welt nach Correns – nur die Leute in Correns wollen die Welt nicht so recht haben. Und genau da hilft Pastis.

Man muss den richtigen Zeitpunkt kennen, zum Aperitif vor dem Abendessen, zwischen 18 und 20 Uhr. Man muss ihn richtig mischen, mit nicht zu viel Wasser, bis er leicht milchig aussieht. Dann bedarf es nur noch des Muts, den er einflößt: Leute ansprechen, auch wenn sie dir an der Bar den Rücken zudrehen. Und zwar wiederholt. Denn irgendwann drehen sie sich um, und dann öffnet sich dir die französische Gesellschaft.

Plötzlich steht im Cercle de l'Avenir der Weinbauer Jean Paul neben mir, ein 70 Jahre alter Proletarier, und erzählt, dass sein Schwager Maurice, ein dicker Lastwagenfahrer, der gerade zur Tür hereinspaziert, heute den Front National wählt. „Früher hätte man Typen wie ihn nicht in dieses Café gelassen", höre ich Jean Paul in mein Ohr flüstern. Da kommt Maurice zu uns – sofort bestelle ich ihm einen Pastis. Ohne zu fragen. Und siehe da: Jean Paul und Maurice reden, beziehen mich in ihr Gespräch ein, das auch die Politik nicht auslässt. Ich fühle mich aufgenommen.

Wenn ich nun im alten Ferienhaus meiner Eltern in einem kleinen Pyrenäendorf mit Blick aufs Mittelmeer Urlaub mache, trinke ich mit dem inzwischen fast 90-jährigen Monsieur Sicot, einem ehemaligen Algerien-Offizier, der heute lieber Gedichte schreibt, den üblichen Aperitif. Wie damals mein Vater. Pastis schmeckt nach Lakritz, das ich als Kind ebenfalls hasste. Aber das habe ich längst vergessen.

In drei Drinks durch ...

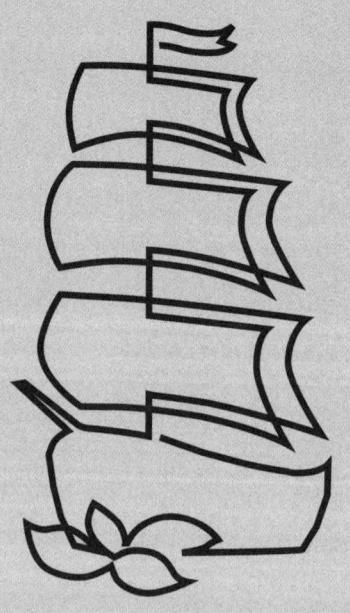

… **HAMBURG**

Barkeeper weisen den Weg durch die Nacht: VIVIAN ALTERAUGE macht eine Mutprobe und bekommt Schlagseite

Eigentlich sollte es an dieser Stelle um Basilikum gehen, um Gin und um einen Löwen. Aber dann buckelt sich eine kleine grüne Raupe in den Vordergrund. Sie sitzt auf einem Minzblatt im Longdrink meiner Begleitung, was ja zunächst für das Minzblatt spricht (vermutlich lecker) und auch für die Bar (vermutlich frische Zutaten). Trotzdem lenkt das mies ab vom Auftakt des gepflegten Suffs im noch gepflegteren **Le Lion**. Wir zupfen das Minzblatt ab, deponieren es in einer sicheren Ecke, hoffen, dass die Raupe den Abend überlebt.

Das Le Lion gilt als beste Bar der Stadt, des Landes, sagen Barexperten, und obschon ich seit sieben Jahren Hamburg-ansässig bin, trinke ich heute meinen ersten Gin Basil Smash hier, einen „Celery

Basil Smash", um genau zu sein, aufgefüllt mit Sellerie-Gin, eine Handvoll zerstoßenen Basilikums borgt ihm Farbe und Geschmack. Der Barinhaber Jörg Meyer hat den Gin Basil Smash erfunden, und dazu kann man ihn nur beglückwünschen, denn der süßlich-pfeffrige Krautgeschmack mit scharfem Gin, Zitrone und einem Schuss Zuckersirup vermengt sich zu einem frischen, gesund aussehenden und schnell genippten Drink.

Dabei sollte ich es tunlichst vermeiden, schnell zu trinken. Ich bin schwer aus der Übung, Schwangerschaft und Stillzeit sei Dank. Seitdem ich wieder trinken kann (halbes Jahr), traue ich keinem Schnaps mehr – oder eher meinem Körper nicht zu, ihn zu verarbeiten.

Dieser Abend darf also als Mutprobe gesehen werden, aber auch als Chance, seine Stadt ganz neu zu entdecken, mit postnatal bereinigtem Gedächtnis und einer großen Lust am kleinen Besäufnis.

Das Le Lion besticht übrigens mit Chromklingel, anlehnungswürdigem Brokat an den Wänden und unterarmtätowierten Barkeepern im Maßanzug. Um zu erklären, was es mit dem Löwen auf sich hat, darf ich auf Ernest Hemingway verweisen. Bevor sich das Le Lion emanzipierte und über die Straße hinweg in eine eigene Lokalität zog, befand es sich in einem Hinterraum des französischen Restaurants Café Paris und nannte sich: Le Bon Petit Lion, angelehnt an die Fabel Hemingways vom guten Löwen, der lieber Scampi-Pasta als Zebra aß und dazu Negroni trank.

Im Glas klirren bloß noch Eiswürfelreste: Zeit zu gehen. Wohin? **Chug Club**, rät der Barkeeper. Gute Drinks, gute Barfrauen, nicht zu fancy. Auch die Raupe hat sich inzwischen verzogen, auf zu neuem Kraut.

Ich steige also auf mein Rad und lasse mir auf dem Weg Richtung St. Pauli die Alkoholwärme aus den Gliedern pusten. Der Chug Club ist gerade weit genug weg von der Reeperbahn, um sich vor dem Trubel dort in Sicherheit zu wähnen, er ist klein, die Wände sind rau und rot gewischt, und vor den Fenstern kleben Illustrationen, die mexikanisch anmuten sollen, aber auch ein bisschen nach Jugendclub aussehen. Das Innere hingegen wirkt sakral, wir nehmen auf Samtbänken Platz, bereit, dem Hochprozentigen zu huldigen. Die Barkeeperin empfiehlt allerlei Getränke mit „Schäumchen", Spezialität des Hauses, dabei haben die Drinks diese Verniedlichung nicht nötig. Meine Begleitungen, inzwischen vier (das seltene Event des mütterlichen Ausgangs wollen sie nicht verpassen), bestellen ein Menü aus fünf Minicocktails in Schnapsgläsern sowie einem Zwibi, einem Zwischenbier. Ich halte mich an die Spielregeln und bestelle ein Getränk auf Empfehlung der Barkeeperin: Portside/Starboard. Backbord/ Steuerbord zu Deutsch. Als sie ihn serviert, sehe ich schon wieder Grün in meinem Glas. Scheint ein Ding zu sein, Drinks mit Kräutern: Diesmal wurde Koriander mit Tequila Blanco, Chililikör, Agavensirup und Wermut gemixt und mit einem salzigen Chili-Limetten-Rand serviert. Bisschen scharf, leichte Süße, aber sonst äußerst fidel. Ich trinke einen flüssigen Taco.

Im Chug Club werden Drinks fast ausschließlich mit Tequila oder seinem hippen Onkel Mescal gemixt, die Chefin war kürzlich auf fünfwöchiger Recherche in Mexiko. „Wir wollen die Leute endlich von ihrem Rote-Hütchen-Trauma aus der Jugend befreien", sagt die Barkeeperin. Haben sie hiermit. Tequila kann tatsächlich sehr süffig sein. Ich wanke innerlich, von Backbord nach Steuerbord und wieder zurück. Schon klar, warum der Drink diesen Namen trägt.

Wir reden über Eigentumswohnungen, die wir uns nie leisten können, und ferne Urlaube. Alkohol als Eskapismusstrategie. Was jetzt noch kommen soll, an einem Dienstag nahe der Reeperbahn, nachts um halb eins? „Zieht doch in den **Gun Club** weiter, da gehen wir nach Feierabend hin", sagt die Barkeeperin. Der Gun Club liegt in derselben Straße, was den schnapsmüden Füßen entgegenkommt.

Wir stolpern also drei Stufen hinab und sind plötzlich wieder klar. Wütender Punkrock schreit uns entgegen, die Stammgäste an der Bar schauen uns an und lächeln verhalten. Wir haben Durst, bestellen Bier, bekommen Astra. Wir reden nicht mehr, weil es zu laut ist und alle damit beschäftigt sind, Poster und Aufkleber zu studieren, die sämtliche Wände der Bar bedecken und von Punkbands erzählen, die hier aufgetreten sind. Der Barkeeper empfiehlt einen Absacker, das passe doch jetzt ganz gut. Botucal, ein scharfer venezolanischer Rum, im Abgang versöhnlich süß. Der Name heißt so viel wie „grüner Hügel", ich bleibe also dem Botanikthema treu. Mütter brauchen Vitamine. Wir spielen Kicker, wie früher, nur mit mehr Müdigkeit und noch weniger Treffsicherheit. Und auch oder gerade weil ich den Gun Club selbst nicht gefunden hätte, freue ich mich, hier zu sein. Es ist unaufgeregt und macht den Kopf frei von diesen ganzen gemachten Alltagsverpflichtungen, die man sich als echter Erwachsener auferlegt, das fängt ja schon bei der Etikette an. Hier gibt es keine Etikette, hier gibt es nur gute Drinks und Kurzweil.

Als ich dem Barkeeper von meiner Barabstinenz der vergangenen Jahre erzähle, grinst er. Und sagt: „Willkommen zurück." Ich grinse. Morgen werd ich es sicher bereuen.

Le Lion
Rathausstraße 3
Mo. – Sa. 17 – 3 Uhr,
So. 18 – 1 Uhr

The Chug Club
Taubenstraße 13
So. – Do. 18 – 2 Uhr,
Fr./Sa. 18 – 4 Uhr

Gun Club
Hopfenstraße 32
So. – Mi .21 – 4 Uhr, Do. 21 – 5 Uhr,
Fr./Sa. 21 – 7 Uhr

SEKT MATE

Herumtreiberei

von Björn Stephan

Ich bin 28 Jahre alt und lebe zur Zwischenmiete in einer WG auf dem Kiez in Hamburg. In der WG riecht es muffig. Wenn ich aus dem Fenster schaue, sehe ich Pornokinos und Männer, die sich in Häusereingänge ducken und Crack rauchen, im Badezimmer gibt es keine Vorhänge und in der Küche vier Mäuse.

Andere 28-Jährige leben mit ihren Freundinnen in schön eingerichteten Dreizimmerwohnungen in Winterhude, andere 28-Jährige trinken gern teuren Gin oder einen Old Fashioned, weil sie sich einmal so fühlen wollen wie Don Draper in Mad Men. Ich trinke gern Sekt Mate. Dabei habe ich Sekt immer gehasst. Weil man von der

Kohlensäure aufstoßen muss und weil man auf eine unangenehme Weise zu schnell betrunken wird. Dann zog ich in die WG in der Talstraße.

Ich habe zwei Mitbewohner: Der eine ist 25 und studiert Medizin, die andere ist 21 und arbeitet in einem Musikclub auf der Reeperbahn. Meine Mitbewohner gehen gern aus, sie tanzen viel, manchmal bis zwölf Uhr mittags im Kurhotel, dem abgefucktesten und deshalb besten After-Hour-Club auf dem Kiez. Ich mag meine Mitbewohner, ich gehe gern mit ihnen tanzen, ich glaube, deshalb mag ich jetzt auch Sekt, am liebsten mit Mate. Es muss kein besonderer Sekt sein, Rotkäppchen reicht völlig oder Söhnlein Brillant, für 5,90, der billigste Sekt, den es unten im Kiosk gibt. Dazu zwei Eiswürfel und ein Schluck Mate, am besten von ChariTea oder vielleicht noch von Club-Mate, alles andere ist nicht zu empfehlen. Das Gute an Sekt Mate ist, dass es frisch schmeckt und wach macht und auf eine angenehme Weise schnell betrunken. Sekt Mate ist gut, wenn man sich um elf Uhr abends von der WG-Küche aus langsam in die Nacht fallen lässt. Und noch besser, wenn man versucht, um elf Uhr morgens im Kurhotel nicht vor Müdigkeit umzufallen.

Ich habe in den vergangenen zweieinhalb Jahren in drei Städten und 13 verschiedenen Wohnungen gelebt, meistens zur Zwischenmiete in möblierten WG-Zimmern. Oft hatte ich nicht mehr dabei als eine rote Wäschetruhe, einen Seesack mit Klamotten und Büchern und zwei Poster. Meine Freunde sagen, ich sei ein Herumtreiber. Meine Mutter fragt mich, wann ich endlich mal ankommen möchte.

Ich glaube, ich bin nicht so gut darin, mich festzulegen. In der WG in der Talstraße wohne ich seit Oktober 2015, erst im September müsste ich raus. Eigentlich wollte ich schon lange weg sein, aber ich habe beschlossen zu bleiben. Ich kann nicht genau sagen, warum. Aber ich glaube, es hat auch etwas damit zu tun, dass ich jetzt so gern Sekt Mate trinke. Vorher hatte ich nie einen Lieblingsdrink.

VOGELBEER-SCHNAPS

Vergiftet

von Gero von Randow

Im Restaurant. Wir sind die letzten Gäste und haben alles durch, Aperitif, bedeutende Weine in bedeutender Menge, den Dessertwein auch, den Kaffee, sogar den Cognac. Womöglich die Zigarre an der Bar. Nach einer guten Zigarre geht nichts mehr, soll nichts mehr.

Aber wie das so ist: Sie wollen doch verlängert werden, die schönsten Augenblicke ... Gut jetzt, sagt die Vernunft. Es ist vorbei. Morgen musst du arbeiten. Mit frischem Mut die Weltlage einschätzen, Kollegen ins Wort fallen, solche Sachen. Außerdem Sport treiben, wegen der Kalorien. Geh also heim, alles andere wäre Gift.

Gift! Das Stichwort für den Vogelbeerschnaps. Sein Auftritt ist jetzt fällig.

Als Kindern wurde uns noch eingetrichtert, die korallenroten Beeren seien giftig, dabei wird einem höchstens übel, oder man bekommt Durchfall, wenn man sie roh isst. Giftig ist am Vogelbeerschnaps nur der Alkohol. Und wie. Vogelbeerschnaps eröffnet mit seinen mörderisch interessanten Blausäurenuancen ein abenteuerliches Geschmacksuniversum – bitter, etwas süß und vor allem lang anhaltend, bis in den nächsten Vormittag hinein. Das klare Getränk ruft Gefühle von Wagnis und Gefahr, von Gesundheitsrisiko und Selbstzerstörung hervor. Es ist der Kugelfisch unter den Drinks. Wenn auch nur in unserer Einbildung. Aber was wäre stärker als unsere Einbildung?

Teuer ist das Zeugs außerdem, die kleine 0,35-Liter-Flasche vom Lieblingsobstgut Pfau beispielsweise kostet 66 Euro – also her damit, verbrennen wir das Geld und uns gleich mit! Vogelbeermomente können dramatisch sein. Sie laden dazu ein, das Gespräch grundsätzlicher werden zu lassen. Entscheidungen zu treffen, die das Leben ändern: eine Bank überfallen, die Frau verlassen, den Wellensittich verkaufen.

Man kommt ins Grübeln. Ist es nicht sagenhaft, was der Mensch alles zu Schnaps macht? Sobald etwas wächst, wird es vergoren. Die Natur wird zur Vorform der Hausbar. Darüber müsste man mal nachdenken. Und wenn etwas bio ist, dann Schnaps. Die Vogelbeere etwa gehört zu den Apfelfrüchten. Ihre Kerne werden von Vögeln gefressen und später in die Landschaft gekackt. So entstehen neue Vogelbeerbäume und letztlich neue Vogelbeerschnäpse. Das ist der in sich verschlungene Kreislauf der Natur und der Kultur. In uns verschlungen gehen wir nun auch heim.

BLOODY MARY

Fluchlust

von Anett Selle

Du öffnest die Mail, und dein Herz schlägt schneller. Obwohl du schon weißt, was kommt: Wenn sie dich wollten, hätten sie nämlich angerufen. Immerhin kennt man sich aus dem Vorstellungsgespräch, und Gutes übermittelt jeder gern persönlich. Aber du bekommst nichts Gutes. Was du bekommst, ist eine Buchstabensuppe, in der Dinge schwimmen wie „Vielen Dank, dass Sie" und „Leider haben wir uns entschieden".

Wütend schließt du das Mailprogramm. Du starrst vor dich hin und wirst traurig, dann wieder wütend. Du überlegst, was du tun könntest, und hast zwei Ideen: Du könntest Handstand machen, mit den Füßen im Takt zu Queens Under Pressure klatschen und die Zeile „Why, why, why?" mitschreien. Oder Bloody Mary trinken.

Bloody Mary ist der einzige verbreitete Drink, der nach einem Fluch benannt ist. Verdammte Maria aber auch: Wer frustriert ist, flucht gerne. Es hilft. Und dank Bloody Mary ist es sogar gesellschaftsfähig. Also geh in eine laute Bar, lehn dich über die Theke und schrei es heraus: Bloody Mary! Schon das Bestellen bringt grimmige Befriedigung. Wenn du das Glas dann an die Lippen hebst und die scharfe, sämige Mixtur deine Zunge kribbeln lässt, fällt dein Kopf mit einem Seufzen in den Nacken. Warum wolltest du diesen Job noch gleich? Egal. Die Bloody Mary kommt daher wie eine füllige Frau auf schmaler Treppe: Neben ihr ist kein Platz für anderes.

Am besten wirkt Bloody Mary allerdings selbst gemacht. Denn sie hält den Titel des kompliziertesten Drinks der Welt nicht umsonst: Die Hauptzutat ist Tomatensaft. So weit, so gut. Aber willst du lieber Gin, Tequila oder Wodka? Mehr Tabasco- als Worcestersauce? Cayenne- oder schwarzen Pfeffer? Salz: ja, gern, aber wie viel? Und Eis – ja oder nein, drei Würfel oder vier? Bloody Mary trinkt man möglichst dickflüssig, also Vorsicht mit Eis und Salz: Zu viel Eis verdirbt den Mix, und das Salz beschleunigt die Schmelze.

Und jetzt, endlich – nein, nicht trinken! Dir fehlt noch das Zubehör, und das hat es in sich: Limette oder Zitrone? Oliven, Karotten oder Staudensellerie? Meerrettich, eingelegte Bohnen, saure Gurken oder Meeresfrüchte? Zwiebelringe, Bacon oder Tofu?

Gerade weil Bloody Mary so kompliziert ist, mischst du am besten immer nur ein Glas auf einmal; dann das nächste, dann das nächste. Denn jedes gelungene Glas ist ein Erfolg. Und du brauchst jetzt alle Erfolge, die du kriegen kannst. Mit Bloody Mary schenkst du dir einen Abend voller Siege, neuen Mut und Heiterkeit: Glücklich ist, wer vergisst, was nicht mehr zu ändern ist. Bloody Mary!

BLACK VELVET

Mal sehen, was der Barkeeper so draufhat ...

von Gero von Randow

Diesen Cocktail kann man nur in ironischer Absicht bestellen. Denn so geht das Rezept für Black Velvet: Man fülle ein hohes Glas zur Hälfte mit Champagner und füge dann, vorsichtig über einen umgedrehten Löffel, Guinness hinzu. Guinness! Allen Ernstes. Die beiden Flüssigkeiten dürfen sich nicht mischen, das dunkle Bier muss auf dem hellen Schaumwein schwimmen – trotzdem skandalös. Ich bin ein großer Freund des Guinness und ein noch größerer des Champagners, aber in diesem Fall ergibt die Addition ein Minus. Schade um die beiden! Es existiert auch ein Waschmittel, das Black Velvet heißt.

Trotzdem gibt es diese kostbaren Momente, in denen der Übermut den Verstand besiegt. Dann rufen wir der Welt ein „Vanitas!" zu und bestellen ihn doch, diesen Black Velvet. Barbarische Kombination, aber ja, unbedingt, wozu passt, dass das Getränk auch „Bismarck" genannt wird, nach seinem wohl prominentesten Anhänger. Bismarck ist als beeindruckender Konsument von Champagner bekannt geworden, aber zur Gänze konnte er seine Junkerseele nicht verleugnen und ließ Bier ins Getränk der feineren Herrschaften kippen.

Black Velvet also. Vorsichtig schlürft man das Dunkelbier weg, das geht nicht ohne Verletzung der feinen Grenzschicht zwischen beiden Flüssigkeiten, und danach – nun ja. Es gibt Gründe, warum dieser Cocktail in Vergessenheit geraten ist. Just deswegen ist er ein guter Bartest. Nicht jeder Barmann kennt ihn. Oder wenn er ihn kennt, verrührt er womöglich die Bestandteile. Oder vertut sich mit der Reihenfolge. Wenn er aber alles richtig macht, hat er ein Bravo verdient.

Außerdem eignet sich Bismarcks schwarzer Samt dazu, versiegende Gespräche zu beleben, denn niemand kann diesem Getränk neutral beggenen. Ein Trick meines Vaters, der ein unnachahmlich unterhaltender Gesellschafter war. Er gehörte eigentlich zur Champagnerfraktion, praktizierte diese Überzeugung allerdings am liebsten zu Hause. Doch wenn wir in einer Bar waren, sagte er: „Komm, wir bestellen einen Bismarck", er, der so gar nichts Bismarckiges hatte. Er lachte. Hinterher ging nur noch Whiskey Sour.

HOT TODDY

Kurz vor krank

von Fiona Weber-Steinhaus

Noch bevor die Erkältung da ist, beginnen manche schon, sie ausgiebig zu genießen. Vielleicht werden bald die Gelenke knacken, wird der Kopf sausen. Aber noch ist es nicht ganz so weit. Man hat genug Kraft, zu ächzen und zu schniefen, und redet nasaler, als man eigentlich muss. Alle sollen hören, dass man nicht simuliert, sondern echt krank wird, verdammt noch mal.

Viel Zeit bleibt nicht. Die Gefahr, für sieben Tage niedergestreckt zu werden, ist real. Die Nase läuft. Manche würden sich

jetzt selbst bemitleiden oder in der Apotheke mit Halspastillen und Wick MediNait eindecken. Völlig falsch! Richtiger: den Wasserkocher anstellen und einen Hot Toddy zubereiten. Der Hot Toddy gilt in Schottland und Irland als Whisky mit heißem Wasser. Oder als Medizin, wenn man meine Tante fragt. Oder jede andere Tante auf den Inseln. Der Alkohol desinfiziert und betäubt. Die Bronchien öffnen sich. Vielleicht auch nicht, was aber relativ egal ist. Es geht vor allem darum, der Grippe ins Auge zu sehen, die roten Blutkörperchen zu erfreuen, die weißen gleich mit. Und die Viren oder Bakterien abzutöten. Man prostet sich selbst zu – auf den anstehenden Kampf!

Die richtige Rezeptur: von allem viel. Viel Zitrone. Viel Honig. Viel Dampf. Viel Whisky, mindestens zwei Finger breit. Zum Beispiel einen süßen Whisky wie Monkey Shoulder. Oder den von Penny. Nur bitte keinen rauchigen, bei dem vor dem inneren Auge die grünen Hügel am Loch Lomond im Nebel versinken.

Das Wasser muss blubbern. Der Alkoholdampf muss in den Augen brennen. Die Temperatur knapp unter verbrühter Oberlippe. Wenn man dann auf dem Sofa liegt, eingewickelt in eine Wolldecke, kann der Weltschmerz beginnen. Und die Lage ist ja meist wirklich ernst: Erst im April scheint in, sagen wir, Hamburg wieder die Sonne. Bis dahin Regen. Menschen mit Nikolausmützen und warmem Nelkenatem. Familienstreit. Januardepression. Was bleibt einem anderes übrig, als auf das Beste zu hoffen und heißen Alkohol zu trinken?

Der süße Honig klebt sich wie Klarsichtfolie auf die gereizte Kehle, das Vitamin C der Zitrone schadet nie. Der Dampf steigt in den Kopf. Unter der Decke kriegt man Fieberwangen und glänzende Augen. Es ist unklar, wer stärker ist: Mensch oder Virus. Mit letzter Kraft schleppt man sich ins Bett und gleitet schwitzend in den Dämmerschlaf der Trunkenen. Schlägt man am nächsten Morgen die Augen auf, und der Kopf ist wieder klar, hat man gesiegt. Der Whisky gegen den Weltschmerz. Der Mensch gegen das Virus. Wenn nicht, muss die Erkältung ab jetzt erlitten werden – nicht mehr nur zelebriert.

SELBST GEBRANNTER SLIWOWITZ

Nachts auf dem Balkon

von Alem Grabovac

Den Sliwowitz, den ich aus der Küche hole, hat meine Mutter Smilja im vergangenen Herbst aus Kroatien mitgebracht. Die Flasche war einmal eine Mineralwasserflasche. Sie hat kein Etikett mehr. Der goldene Schnaps, der jetzt drin ist, wurde von Branko, meinem Onkel, selbst gebrannt. Der hat vor einer Ewigkeit ein paar alte Kessel und Rohre in seiner Scheune zu einem kleinen Schnaps-Laborato-

rium zusammengeflickt. Als Kind dachte ich immer, dass die dampfenden Kessel ihm eines Tages um die Ohren fliegen würden.

Es ist spät, es ist Sommer, meine Frau und mein Kind schlafen bereits. Ich setze mich auf den Balkon und gieße mir ein Glas ein. Der Sliwowitz riecht nach Pflaumen, nach Alkohol, nach Kindheit. Der erste Schluck brennt in der Kehle und erwärmt dann ganz sanft den Magen. Der Schnaps fließt direkt ins Gehirn. Wie ich meinen Onkel kenne, dürfte der Alkoholgehalt bei weit über 50 Prozent liegen. Ich muss an Opa denken.

In den großen Schulferien besuchten wir immer das Bergdorf meiner Mutter im kroatischen Teil des Dinara-Gebirges. Esel, Kühe. Der Brunnen, der Maulbeerbaum in der Mitte des Dorfs, und in allen Geschäften und Ämtern das Porträt von Josip Broz Tito. Opa saß abends immer allein auf dem großen Stein vor unserem alten wackligen Bauernhaus. Damals war er schon über 80. Er saß da, träumte, rauchte seine Pfeife und trank Sliwowitz. Manchmal setzte ich mich zu ihm, und dann sagte er, obwohl ich erst zehn oder elf Jahre alt war: „Komm, nimm dir einen Schluck. Es wird dir nicht schaden." Heimlich, denn Mutter durfte es nicht wissen, trank ich meinen ersten Schnaps. Ich fühlte mich leicht, alles drehte sich ein wenig. Wir blickten hoch zu den Sternen. Es war auch damals August, es waren die Nächte der Perseiden, die Sternschnuppen fielen im Minutentakt, und Opa sagte: „Bei jeder Sternschnuppe darfst du dir was wünschen, aber wünsche dir nicht das Falsche."

Jetzt sitze ich wie immer, wenn ich Sliwowitz trinke, auf meinem Balkon. Schaue in den lichtverschmutzten Berliner Nachthimmel mit seinen paar matt leuchtenden Sternen und frage mich, ob ich damals ahnte, was falsche Wünsche sind.

MEXIKANER

Unter Feinden

von Dmitrij Kapitelman

„Willst du einen Schnaps trinken?", ruft Mike Justin vom anderen Ende der Bar. Mike Justin heißt anders, soll aber für die kommenden 2500 Zeichen mit diesem Namen gestraft sein. Er ist nicht mein Feind, er bringt aber sämtliche Voraussetzungen dafür mit. So, wie er immer zu viel Geld mitbringt. Um alle wissen zu lassen, dass er, Mike Justin, zu viel Geld mitgebracht hat. Schon aus Prinzip profitiere ich gern von seinen Minderwertigkeitskomplexen: „Ja, klar." Ich kenne ihn flüchtig, das aber schon seit Jahren. Und ich werde ihn betrügen. Mithilfe des herrlich verlogenen Mexikaners!

Wir kommen am Tresen zusammen. Mike Justin schüttelt mir kurz die Hand und fordert eine Geldausgeb-Aufgabe. „Mexikaner", sage ich in Richtung seines rechten Ohrs. Im linken steckt immer sein Kopfhörer, aus dem Heavy Metal wummert. Den Kopfhörer nimmt er nicht raus, wenn er mit Menschen spricht. „Mexikaner", wiederholt er und nickt zufrieden. Dieser Narr! Ein Mexikaner ist kein Schnaps! Hat viel weniger Promille als der Wodka, den er für sich bestellt. Lumpige sechs bis neun Prozent (zugegeben, die industriell abgefüllten Flaschen enthalten 16). Zehn Shots ergeben den lächerlichen Effekt eines Bieres. Die Wissenschaft aber zählt dieses Schimärengesöff zu den Cocktails.

Selbst die Geburt des Mexikaners entstammt einer Lüge. Ein Barbesitzer soll ihn erfunden haben, nachdem er versehentlich billigen Obstbrandverschnitt statt eines richtigen Korns eingekauft hatte. Tomatensaft, Tabasco, Chilipulver, Pfeffer drüber – und fertig war der brennende Betrug. Der Mexikaner unserer Gegenwart versucht sich durch Korn, Wodka oder Tequila zu legitimieren. Übrigens heißt der Erfinder Mike, mit Nachnamen Colani. Und gibt offen zu: „Ich habe das Zeug nie gemocht." Dafür mochten es seine Gäste. So lange, dass der mysteriöse Rote kurzzeitig einen gewissen Hype genoss. Wobei den akademischen Archiven nicht zu entnehmen ist, ob das an seinem Geschmack oder dem Ramschpreis von 99 Pfennig lag.

Das alles weiß Mike Justin nicht. Wir stoßen an, ich sehe ihm giftig in die Augen und toaste: „Auf deine Gesundheit!" Dabei geht es nur um meine. Der Tomatensaft enthält reichlich Vitamine und Elektrolyte. Mike Justins Wodka nicht. „Ey, Kleine, bring uns zwei Cuba Libre. Ich geh mal scheißen." Ich schaue ihm hinterher, klein und breitgepumpt, wie er ist. Irgendwie tut er mir leid. Soll ich nach dem intriganten Mexikaner einen versöhnlichen Cuba Libre mit ihm trinken? Ihm ein bisschen Liebe geben? Ihn am Ende dieses Textes sogar Florian nennen? Mike Justin kommt aber nicht zurück. Er lässt mich allein mit zwei bezahlten Cuba Libre. Und dem brennenden Nachgeschmack hinuntergewürgter Antipathie. Könnte aber auch der Tabasco sein.

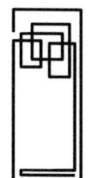

GIN TONIC

Kater

von Ilka Eliana Knigge

Es ist Samstagnachmittag, und du würdest dich am liebsten erschießen. Dicke Augen, Pappmaul, zittrige Beine – der Kater hat dich voll erwischt. Das Timing ist denkbar mies. Denn eigentlich ist heute Abend das große Gelage geplant: Deine beste Freundin hat Geburtstag. Nicht erscheinen? Unmöglich. Nicht trinken? Unvorstellbar. Wie du diesen Abend überleben sollst? Keine Ahnung. In deinem Kopf dröhnt immer noch die Bassanlage des Clubs um die Ecke, und der angebissene Burger neben deinem Bett ist der endgültige Beweis, dass es gestern zu heftig war. Aus ein paar Bierchen und Chillen bei Freunden wurde Feiern bis zum Exzess. Und nun liegst du zerschlagen im Bett, träumst von Sprudelwasser und kannst kaum aufstehen.

Vergiss das Sprudelwasser! Was du brauchst, ist ein Drink, der so bittersüß und klassisch ist wie deine Situation: Gin Tonic. Auch wenn Gin dir etwas herb erscheint – er schießt dich genau auf das Level, das du brauchst, um den Mix aus gestern und heute Abend zu überleben. Mischverhältnis? Eins zu eins. Du brauchst jetzt einen Kickstart. Das Tonic Water kühlt deinen trockenen Mund und gibt dir den Sprudel-Zucker-Kick. Der Bonus: In Tonic Water ist Chinin enthalten, womit in China auch Schmerzen und Fieber behandelt werden. Genau das Richtige also, um deinen leidenden Körper zu füttern. Noch ein paar Eiswürfel und eine Gurkenscheibe, dann beruhigst du sogar dein Gewissen, das nach Gesundem schreit.

Mix dir den Drink am besten schon vor der großen Party zu Hause. Einfach alle Zutaten in ein Glas schmeißen, kein Shaker, keine großen Faxen. Falls deine Hände noch zittern, schütte ihn über dem Waschbecken zusammen. Keine Panik, auch dein Magen wird die Mischung gut vertragen. Meine Empfehlung für den Abend: Bleib dabei. Finger weg von Bier und süßen Schnäpsen, sonst endet das wie gestern. „Bring your own bottle" ist doch heute eh das Motto jeder guten Party. Du machst das vorbildlich, und keiner wird merken, dass du vor deiner ersten Mische am liebsten mit Wärmflasche und dem letzten Tatort im Bett geblieben wärst.

GEREIFTER COGNAC

Chefig

von Michael Allmaier

Beachtlich an Cognac ist schon mal, dass er keinen Jahrgang hat. Anders als Wein, aus dem er gemacht wird. Anders als die meisten der noblen dunklen Schnäpse für Trinker mit Budget. Auf Cognacflaschen stehen immer nur rätselhafte, römisch anmutende Prädikate wie VSOP (very special old pale) oder XO (extra old), die alle in etwa dasselbe besagen: endlos gereift und irre erlesen.

    Reif war auch die Klientel, die in meiner Jugend gerne Cognac trank. Da gab es diesen Werbespot: Junges Paar, er bringt den Chef mit nach Hause. Der hätte nach dem Essen gern einen Digestif. Schrecksekunde, dann Erleichterung: Wir haben da doch noch dieses Zeug. Eine Einstellung später sieht man den Chef, wie er sich beseelt am Kaminfeuer fläzt und seinen Schwenker kreisen lässt. Aah!

Fand ich gut, brauchte ich auch, natürlich für den Eigenbedarf. Als hänflingshafter Frühzwanziger strebt man ja nach allem, was einen erwachsener macht. Manche meiner Freunde ließen sich einen schütteren Vollbart wachsen, andere fingen an, Pfeife zu rauchen; ich konsumierte Cognac.

Er schmeckt ja auch, wenn er was taugt, irgendwie distinguiert. Vom Wein hat er das Herrische, dieses „Mich trinkst du nicht nebenbei". Schon der Geruch haut einen fast weg, erst recht aus einem dieser riesigen altmodischen Gläser. Nur Pattex hat noch mehr Bouquet. Dann dieser hochdestillierte Geschmack, der einen zwingt, nur zu nippen. Die Tropfen mit der Zunge im Mund zu verteilen und dann vom Gaumen zu saugen. Darauf herumzukauen wie auf einem Stück Brot, das einem erst seine Süße schenkt, wenn man schon nicht mehr dran glaubt.

Cognac zu trinken, ist die introvertierteste Form der Angeberei. Das war schon was damals, wenn man spürte, wie der Barmann Haltung annahm. Ja, Alter, ich seh zwar nach Fanta aus, aber ich möchte ein Glas aus der tiefgrünen Flasche mit dem Stöpsel, ganz oben in deinem Regal.

Heute bin ich selbst VSOP, und während ich älter wurde, hat der Cognac sich verjüngt. Inzwischen zählt er zu den Partydrogen. Das ist dem Hip-Hop zu danken. Rapper von Busta Rhymes über Jay Z bis Snoop Dogg und P. Diddy machten in den 2000ern „Nac" zu ihrem Getränk. Nur die Schwenker waren ihnen zu blöd. In Stiefeln oder Grammy-Pokalen kann der Duft sich noch besser entfalten.

„So I keep drinkin Hennessy, bustin at my enemies / Will I live to see twenty-three?" So rappt neben mir der junge Ja Rule, wann immer ich die grüne Flasche mit dem Stöpsel öffne. Und der graue Chef aus dem Werbespot wippt dazu mit dem Fuß. Drei Generationen Wichtigtuer, verbunden durch einen Drink, der keine Jahrgänge kennt.

In drei Drinks durch ...

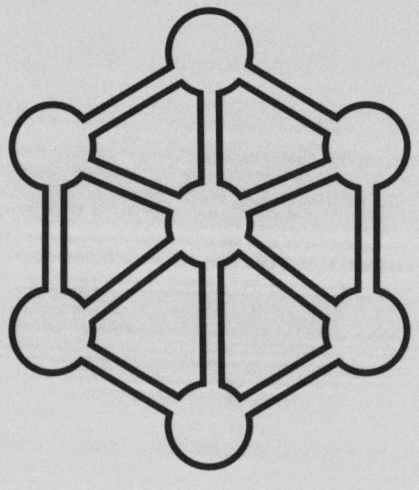

… BRÜSSEL

Barkeeper weisen den Weg durch die Nacht: WOLF ALEXANDER HANISCH sucht in der Hauptstadt des Bieres nach einem guten Cocktail – und gibt sich mit einem Biercocktail den Rest

„Du willst wissen, wo du in Brüssel Cocktails trinken kannst?" Der Belgier mit der Statur eines barocken Gutsherrn schaute mich im ICE-Bordbistro an, als hätte ich einen Araber nach einer ordentlichen Schweinshaxe in Riad gefragt. Dann nahm er einen Schluck aus seiner Pilstulpe und sagte: „Trink besser Bier. Alles andere ist Frevel."

Man kann ihn ja verstehen. Gegen die belgische Bierpracht säuft jede Cocktailkarte ab. Schon ein Allerweltslokal listet hier zwei Dutzend heimische Varianten auf, die meisten Traditionskneipen kommen locker auf 150. Wer in Belgien lediglich ein Bier bestellt, könnte in einer Buchhandlung auch ein Buch verlangen. Es gibt das Gebräu in schier endlosen Farbnuancen, aus Myriaden unterschiedlicher Gläser, mit dräuenden Namen wie Satan, Guillotine oder Delirium Tremens. Und für unser Reinheitsgebot haben die Belgier nur ein mitleidiges Lächeln übrig: Ihre Biere strotzen vor Zutaten wie Kirschen, Bitterorangen, Koriander, Wacholder oder Safran.

Zur Huldigung dieser Großkultur beginne ich dort zu trinken, wohin mich meine Zugbekanntschaft geschickt hat: im **Poechenellekelder**. Die Kneipe verschluckt mich, und meine Augen brauchen ein bisschen, um sich an das Dunkel zu gewöhnen. Als es so weit ist, wähne ich mich im Clubheim einer Messie-Vereinigung: Posaunen, Rodelschlitten und Marionetten hängen von den Deckenbalken, Flaschen mit Tropfkerzen stehen herum, einem Hirschkopf hat jemand eine Tabakpfeife ins Maul gesteckt. Selbst die Gäste sind ein Sammelsurium, reichen von der Oma mit Spinnwebhaaren bis zum lippengepiercten Grufti. Und als sei das alles nicht genug, sitzt auch noch jeder vor einem anderen Bräu.

Hilflos blättere ich in einer Bierkarte von enzyklopädischen Dimensionen. Was soll man nur trinken? Der Kellner schaut auf die Uhr. „Früher Abend", sagt er, „die perfekte Zeit für ein Geuze-Bier." Kurz darauf lässt er einen Korken ploppen, schenkt ein und legt die Hochflasche in ein Bastkörbchen. Das Geuze sei der Champagner Brüssels, eine Cuvée zweier Jahrgänge von Lambic-Bieren. „Die gedeihen durch Spontangärung, im Pajottenland nicht weit von hier. Nur dort gibt es die dafür nötigen Hefepilze." Na denn. Ich schnuppere Heu, Zitrone, Melisse, trinke an, und in meinem Mund explodiert ein fast obszönes Apfelbouquet. Säure beißt in den Gaumen, dann folgt ein Abgang von Holz und Trockenfrüchten, der daran erinnert, dass die Lambics für mein Geuze in Rieslingfässern reiften. So kann Bier schmecken? Unglaublich.

Ich möchte gleich weiterprobieren. Doch jetzt muss eine Cocktailbar her. Der Kellner rümpft die Nase. Dann schreibt er mir mit der majestätischen Gebärde eines beleidigten Dorflehrers **La**

Pharmacie Anglaise auf einen Bierdeckel. „Wenn du unbedingt Cocktails trinken willst, dann dort."

Das Drunter und Drüber des Poechenellekelders setzt sich draußen fort. Brüssel ist eine Stadt der Brüche: Imperiale Bürgerhäuser stehen neben üblen Wohnsilos, Brabanter Gotik neben Verwaltungskästen, die wie gestrandete Kreuzfahrtschiffe wirken. Dann stehe ich plötzlich vor einem türmchengespickten Spukschloss. Hier residiert die Bar. Ich trete ein – und mein Blick bleibt am Barmann hängen. Er sieht aus wie die füllige Version eines von Tim Burton zurechtgemachten Johnny Depp. Schwarzes Rüschenhemd, Hosenträger, eine Melone, die obendrein eine alte Schweißerbrille ziert. Mit Zirkusdirektorengeste zeigt er auf einen der Hocker. Ich bin überrascht, wie niedrig man darauf sitzt. Aber ich ahne, warum. In der Pharmacie Anglaise soll ich zum staunenden Steppke werden. Auch dieser Laden ist ein Kuriositätenkabinett, das wie die ganze Stadt symbiotisch arrangiert, was sonst nirgendwo zusammenpasst. Über mir glimmt ein krakenhafter Lüster, ein Arztpraxen-Torso zeigt seine Organe, unter dem Ölbild eines Bergbauern knutscht ein Paar auf einem Leopardenfellsofa. Der Tresen besteht aus Vitrinen, die Tierexponate in Formaldehyd zeigen: Fledermäuse, Lamm-Embryonen, Delfinflossen.

Barmann Cedric wartet, bis ich mit dem Bewundern fertig bin, und reicht mir dann die Karte. Die schöne Morbidität geht ein wenig flöten, als er mir die Cocktails erklärt. Ökologische, irgendwie gesunde Drinks wolle man bieten. Ich trinke einen knatschgrünen Pisco Pye mit Spinat, Brennnesseln und Kräutern, „alles aus unserem bareigenen Garten". Er schmeckt erfrischend wie ein Waldspaziergang. Dennoch hätte ein wenig mehr Pisco im Glas meine Popeye-Kräfte eher geweckt. Viel hilft viel, heißt mein Motto. Komm schon, Brüssel: Da geht doch noch was! Die letzte Empfehlung lasse ich mir lieber von einem Gast geben, der aussieht, als könne er was vertragen.

Life Is Beautiful heißt sein Tipp. Und tatsächlich: Die Bar wirkt, als stecke sie jeden Euro in die Cocktails und nicht ins Ambiente. Mit ihren Topfpflanzen ginge sie auch als Studenten-WG durch. Bevor Karoline und Harouna sie eröffneten, vagabundierten sie mit einer Wanderbar herum. „Es hat etwas gedauert, bis wir sicher waren, dass Cocktails in Brüssel funktionieren", sagt die Deutsche Karoline, die tagsüber im EU-Parlament arbeitet. Ich bestelle einen Punch 124. Mit Bourbon, Rum und Becherovka boxt er im alkoholischen Schwergewicht. Trotzdem klingt er kryptisch. Harouna klärt auf: „Punch 124 heißt ein Spirituosenladen, der bald um die Ecke eröffnet. Jeder unserer Drinks promotet ein Geschäft ringsum." Und davon gibt es immer mehr: Die Gegend wandelt sich gerade vom schmierigen Wettbürobezirk in ein Viertel, in dem Brüssel neue Ideen testet.

Auf den Barhocker neben mir hat sich Tor verirrt, ein semmelblonder Lobbyist aus Stockholm. Er ist in Plauderstimmung, die gelockerte Krawatte hängt ihm schief vom Hals. Tor trinkt sich durch die Karte und beginnt irgendwann, jeden Cocktail einfach für mich mit zu bestellen. Es wird wohl eine Berufskrankheit sein. Als guter Europäer stoße ich ein ums andere Mal mit ihm an. Unser letzter Schluck ist ein säuerlich-fruchtig-herber Biercocktail, den sich Harouna zu Ehren einer benachbarten Craft-Brauerei ausgedacht hat. Er gibt mir endgültig den Rest. Aber immerhin mit Bier. Mein erster Trunkenheitsmentor aus dem ICE hätte nichts zu meckern.

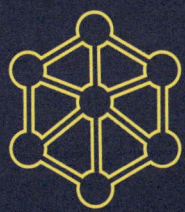

Poechenellekelder
Rue du Chêne 5
Di.–Do. und So. 11 bis 1 Uhr,
Fr./Sa. 11 bis 2 Uhr

La Pharmacie Anglaise
Coudenberg 66
Di.–Do. 17.30 bis 1 Uhr,
Fr./Sa. 17.30 bis 2 Uhr

Life is Beautiful
Rue Antoine Dansaert 161
Di.–Do. 18 bis 0 Uhr,
Fr./Sa. 18 bis 1 Uhr

FUTSCHI

Kaputtheitsbedarf

von Fritz Zimmermann

Der Mann hinterm Tresen unserer Stammkneipe heißt Tommy. Zwei Silben: Tommy. Das macht die Sache einfacher, wenn wir wie so oft pünktlich ab ein Uhr nachts vergnügt eine Runde Futschi nach der anderen bestellen. Im Satz „Tommy, machste noch ma soundso viele Futschi" gibt es fast nur Wörter, die aus zwei Silben bestehen. Deswegen kann man ihn auch dann noch gut rufen, wenn das Hirn ganz leicht wird und die Zunge langsam schwer.

Seit Jahrzehnten ist Futschi der Longdrink in Westberliner Eckkneipen. Er besteht aus Weinbrand und Cola. Kein Eis, keine Gurken, kein Chichi. Aber trotzdem ist Futschi nicht gleich Futschi. In gut sortierten Läden gibt es den Drink in drei verschiedenen Preisklas-

sen, von 1,50 in 50-Cent-Schritten hoch bis auf 2,50 Euro. Je nachdem, ob man Goldkrone als Weinbrand haben möchte, Schantree (sic!) oder Jacobi. Manchmal, wenn man Glück hat, kann man sich sogar die Cola aussuchen. Extravagante Trinker wählen Futschi Blond, Weinbrand mit Fanta.

Serviert wird Futschi in einem kleinen, nach unten sternförmig zulaufenden Glas. Etwas weniger als 200 Milliliter passen hinein. Darin schimmert er bräunlich, manchmal geheimnisvoll. Das erste Glas des Abends ist eine Herausforderung, zu süß die Cola, zu klebrig der Weinbrand. Danach wird es besser. Futschi wird nicht gekühlt und nicht angezündet, man trinkt ihn lauwarm, und am nächsten Tag hat man Kopfschmerzen. Es ist der Drink für diesen wunderbaren Moment der Schwerelosigkeit nach dem Zaudern, ob man nicht vielleicht doch nach Hause gehen sollte, und vor dem Bereuen. Ein Anti-Detox-Getränk für diejenigen, die damit abgeschlossen haben, den nächsten Tag sinnvoll zu nutzen. Nicht umsonst, erzählt man sich, kommt der Name von futschikato, Berlinerisch für kaputt. Nach einem Abend mit Futschi kann man kein Yoga machen.

In Tommys Kneipe sitzt jedes Wochenende eine zierliche, über 80 Jahre alte Frau an einem Tisch an der Wand. Sie trägt rot gefärbtes Haar, ein bewegtes Leben im Gesicht und hält sich fest an ihrem Futschi. Nach dem dritten oder vierten Glas steht sie auf und tanzt mit jüngeren Männern zwischen 50 und 60 zur Jukebox. Am Ende eines Liedes knutscht sie mit manchen noch ein bisschen rum. Hin und wieder frage ich mich, ob mit dieser Frau auch der Futschi gehen wird.

Dann, wenn die Eckkneipen vollständig verschwunden sind, ersetzt durch Craft-Beer-Läden und vegane Burger-Shops. In Berlin, einer zum Kettenkarussell gewordenen Stadt, war Futschi, seit ich trinken kann, ein Orientierungspunkt, die vertraute Piste zur Übelkeit. Ohne Futschi wären die Abende kürzer, und der nächste Tag wäre länger. Ohne Futschi hätte Yoga gewonnen.

TOLLWÜTIGER HUND

Etwas Osten im Herzen

von Alice Bota

Wenn ein Barkeeper einen Tollwütigen Hund zubereitet, schaut man vom Tresen aus entsetzt-fasziniert zu wie Glotzer bei einem Unfall. „Gehen Sie weiter, hier gibt es nichts zu sehen", aber man kann den Blick nicht abwenden: Die eigene Bestellung ist schuld an dieser Zumutung, die da produziert wird. Klebriger, zäher Himbeersirup, dazu Tabasco, damit wird der gute klare Wodka kaputt gemacht. Erfahrene Barbesucher blicken auf diesen polnischstäm-

migen Tollwütigen Hund herab. Das deutsche Äquivalent ist übrigens der Mexikaner, der in abgerockten Bars gern um fünf Uhr morgens aus Schnapsgläsern getrunken wird, wenn alle nach Hause wollen, aber irgendjemand lallt: „Kommt, noch einen Absacker! Nur noch eeeeeeeinen!" Allerdings: Der Mexikaner macht höchstens betrunken, er verwirrt nicht. Er hat keine Süße, nur Schärfe. Er ist so verdammt eindeutig und unmissverständlich. Wer den Mexikaner als Drink bevorzugt, liest vermutlich Heinz Strunk. Wer den Tollwütigen Hund gelegentlich konsumiert, greift eher zu Andrzej Stasiuk. Der Tollwütige Hund wird gern getrunken, wenn der Anlass besonders ist, aber Champagner nicht passt, weil man in einer verlebten Spelunke sitzt. Meistens wird ein Wiedersehen begossen, oft geht es um irgendwas Deutsch-Polnisches. Dieser Drink ist kitschige Nostalgie, ein Folklore-Drink. Man kippt ihn rein und umarmt ein paar Menschen zu viel, man übt sich in polnischen Zungenbrechern wie *W Szczebrzeszynie chrząszcz brzmi w trzcinie*, „In Szczebrzeszyn brummt ein Käfer im Schilf", von dem Max Goldt schrieb, er werde gern als Beweis bemüht, um zu zeigen, wer ein echter Pole ist und wer nur eine dieser Bindestrich-Identitäten hat und sich an den „schs" und „tschs" und „schtschs" der polnischen Sprache verschluckt.

Angeblich hat den Drink ein gewisser Darek Ryżczak erfunden, das wird zumindest im Netz kolportiert. Aber die Geschichte klingt zu polnisch, um wahr zu sein. Ryżczak kam auf Umwegen zu einer Jazzbar. Weil er aber keine Ahnung hatte, wie man eine Bar führt, probierte er herum und mischte Drinks aus Zutaten, die eigentlich nicht zusammenpassen. So wurde der *Wściekły pies* geboren, der binnen kürzester Zeit berühmt wurde und so angeblich den Laden rettete.

Anfänger neigen dazu, falsch zu dosieren, das perfekte Rezept geht so: Man nehme ein Schnapsglas, fülle zuerst 15 Milliliter Himbeersirup hinein, dann drei bis fünf Tropfen Tabasco und zum Schluss 30 Milliliter Wodka. Nicht schütteln! Denn am Ende muss die polnische rot-weiße Flagge dabei rauskommen: unten der rote

Sirup, oben der klare Wodka. Beim ersten Glas schmecken Sie die widersprüchlichsten Gefühle: Ekel und Faszination, Süße und Schärfe, die einen betäubt und zugleich seltsam wach schlägt. Nach dem dritten spüren Sie, dass der Osten tatsächlich nicht irgendwo hinter Berlin beginnt, er fängt in Ihnen an, Sie müssen ihn nur finden, nicht immer geradeaus rasen, sondern auch mal abbiegen. Gleich fangen Sie an, fremden Menschen etwas vom Leben zu erzählen. Nach dem fünften Drink können Sie die Worte *Wściekły pies* fließend, und nach dem siebten kriegen Sie auch das hin: *W Szczebrzeszynie chrząszcz brzmi w trzcinie.* Willkommen im Osten, schön ist es hier.

HEMINGWAY SOUR

Scham besiegen

von Johannes Böhme

Mein erster Gedanke war: Das kann nicht euer Ernst sein. Der Barkeeper hatte eine Sektflöte mit einer hellen pinkfarbenen Flüssigkeit vor mir abgestellt: einen Hemingway Sour, 8,90 Euro teuer, Erdnüsse und Wasser inklusive. Die Victoria Bar in Berlin war auf eine unangenehme Art halb leer, die Musik zu leise, und ich saß allein auf meinem Hocker mit einem pinken Sektglas in der Hand.

Eigentlich ist die Victoria Bar eines der wenigen Lokale, in denen man in Würde allein trinken kann. Sie ist meistens voll, es gibt einen wunderschönen, zehn Meter langen Tresen aus dunklem Holz, Barkeeper, die wissen, was sie tun, und eine Atmosphäre, in der jeder willkommen ist, der am Ende die Rechnung zahlen kann. Aber selbst hier gibt es Grenzen. Würde und pinke Sektgläser vertragen sich einfach in kaum einem Szenario.

Ernest Hemingway allerdings, bekanntermaßen ein Mann mit eher rustikalem Geschmack, einer, der sich brüstete, 400 Kilogramm schwere Marline in der Karibik geangelt, in drei Kriegen gekämpft und in Paris seine Lieblingsbar höchstpersönlich von den Nazis befreit zu haben, diesen Hemingway hatte seine Mutter als Kind in Mädchenkleider gesteckt, um ihn wie seine Schwester aussehen zu lassen. Ganz so abwegig ist eine pinke Sektflöte, die seinen Namen trägt, also auch wieder nicht.

Mag der Drink aussehen, als hätte man einen Flamingo darin ausgekocht: Der Geschmack entschädigt den Mutigen reichlich. Der Hemingway Sour ist frisch, stark, ein ganz klein bisschen bitter. In der Victoria Bar besteht er aus Gin, Grenadine und Zitronensaft. Bei anderen Variationen wird noch der Kirschlikör Maraschino hinzugefügt.

Das Rezept hatte ursprünglich der Barkeeper von Hemingways Lieblingsbar in Havanna, dem Floridita, für den Schriftsteller entworfen: als Daiquiri ohne Zucker, weil Hemingway Diabetiker war, und mit doppelt so viel Alkohol, weil Hemingway Alkoholiker war. Die Verfeinerungen, die den Drink heute ausmachen, kamen allerdings erst später hinzu. Hemingway waren die wohl egal. Der wollte vor allem seinen Pegel halten.

Wer allein am Tresen trinkt, muss sich vor allem von Gefallsucht freimachen. Es muss egal werden, was dieser Raum voll Fremder über einen denkt. Also gleich noch einen.

Meine Scham hatte ich nach dem zweiten Hemingway Sour besiegt. Nach dem dritten wollte ich nichts anderes mehr trinken, merkte dann allerdings nach dem vierten, dass ich einfach nicht so viel vertrage wie der alte Ernest.

Und so ging ich nach Hause – betrunken, pleite und mit einem neuen Lieblingsdrink auf der Zunge.

In drei Drinks durch ...

... FRANKFURT

Barkeeper weisen den Weg durch die Nacht: NILS WRAGE wird vom grünen Schatten der Karthäusermönche begleitet

Das **Gekkos** ist Frankfurt. Zumindest in meinen Augen, ich kann mich ja auch irren. Damit ist man hier allerdings ziemlich allein, also mit dem Sich-Irren. Menschen, die nachts das Gekkos bevölkern und meist überbevölkern, gehören mehrheitlich zu jenen, die von Berufs wegen Recht haben. Einheimische oder Reisende, die nach Steak oder Sushi mit ihren Escort-Ladys oder sonstigen Garniturfrauen hier aufschlagen.

Hier wird das Motto „Work hard, play hard" zur gastronomischen Realität. Hier werden nachts einige der Provisionen versoffen, die tagsüber durch das geschickte Verschieben von Geld, Aktien und

Arbeitsplätzen erzielt worden sind. Es trieft vor Klischee, so was zu behaupten, aber es ist wahr. Und es macht durchaus Freude, sich das ab und zu aus der Halbdistanz anzuschauen.

Das Tragikum dieser Menschen (unter anderem): Sie wissen gar nicht, dass es hier den vielleicht besten Negroni überhaupt gibt. Genauer genommen ist es gar kein Negroni, den ich auch dieses Mal wieder trinke. Es ist ein samtiger Brecher aus viel Plymouth Gin, ein bisschen Wermut und noch weniger Gran Classico Bitter. Aber das ist heute, wo sowieso alles die Dekonstruktion des Twists vom Hybrid der 2.0-Version darstellt, eigentlich auch total egal.

Dem Typen neben mir wird das ebenfalls egal sein, er saß da schon vor meiner Ankunft, und er saß hier auch bei meinen beiden vorigen Besuchen. Wortlos ein Bier-Wodka-Gedeck nach dem anderen. Allein während meiner Anwesenheit hat er die anfangs frische Schachtel Marlboro Gold beinahe geleert. Er gibt sich Mühe. Er müsste eigentlich schon vom Hocker fallen, so viel hat er gesoffen. Er macht das häufiger, wie man sieht. Aber er macht Umsatz, er hält den Geldverkehr am Laufen. Auch das ist Frankfurt. Irgendwie alles scheißegal, Hauptsache, die Zahlen stimmen. Nur schade, dass er nicht weiß, dass ihm hier offenbar seit Jahren der beste Negroni überhaupt entgeht. Und das Tragikum des Gekkos wiederum ist, dass wohl ein Großteil seiner Gäste gar nicht weiß, dass sie sich gerade in einer herausragenden Bar aufhalten. Ihr Pech. So werden sie halt nie erfahren, wie gut sich ein gemeinsamer Chartreuse-Shot mit dem Barteam anfühlen kann.

In der **Kinly Bar** sieht das anders aus. Hier kommt das Publikum wegen der Drinks, nicht wegen der Champagnerauswahl. Das ist nicht selbstverständlich. Denn als die Bar im Jahre 2015 in der womöglich härtesten Drogenstraße der Stadt mit dem womöglich progressivsten Cocktailkonzept des Landes ihre Tür aufgemacht hat, dachten viele: Das wird nichts, jedenfalls nicht in der Elbestraße. Erst 'nen High-End-Cocktail kippen und danach über die erstbeste Crackleiche stolpern, das passte lange nicht zusammen (tut es für viele Menschen noch immer nicht).

Mir persönlich ist das gleich, was vor der Bar geschieht, in der ich gerade bin. Schließlich geht man ja auch genau deshalb in Bars: nicht nur der Drinks halber, sondern um sich keine Gedanken über jene Dinge zu machen, die abseits der Bar vor sich gehen. Und daher ordere ich noch einen zweiten Butterfly Mojito aus klarifiziertem Limettensaft, Simple Syrup, Soda und mit Minze redestilliertem Rum, während ich versuche, die Anzahl der Tätowierungen beim Bartender zu schätzen.

Das Kinly ist purer Eklektizismus auf höchstem Niveau – ist derber Bahnhofsviertelstolz und zugleich ausgesuchteste Höflichkeit; ist dunkel im Keller gelegen und dennoch warm und freundlich; ist ein Team, dem sowohl studierte Chemiker als auch aktive MMA-Fighter angehören. Solche Orte werden nicht von großen Gastrokonzernen oder Agenturen geplant. Sie entstehen, wachsen, sind nie ganz fertig, laden zum Verweilen ein. Und ein Gläschen Chartreuse ist natürlich obligatorisch.

Man könnte den Abend nun so stehen lassen, mit Gekkos und Kinly allein würde ich auch wochenlang auskommen. Aber drei Bars an einem Abend sind immer besser als zwei. Ab drei Bars darf man von „Bartour" sprechen. Und ich habe noch ein paar Kapazitäten, die wachsen in Frankfurt irgendwie immer. Also kehre ich noch auf ein Gläschen in die **Embury Bar** ein. Die trägt ihren Namen als Ehrerbietung an David A. Embury, einen amerikanischen Rechtsanwalt aus dem letzten Jahrhundert. Der hat zwar nie hinter einer Bar gearbeitet, aber 1948 ein Cocktailbuch veröffentlicht, das bis heute große Relevanz besitzt. Unter anderem, weil er seinen Daiquiri mit 8 Anteilen Rum auf 2 Teile Limette trank. So was bleibt den Leuten im Sinn, besonders Bartendern.

Eine ähnliche Stilistik verfolgen sowohl die Cocktails als auch das Timbre der Embury Bar: klassisch, elegant, kraftvoll, unbestechlich. Kein Chichi, das sollen die anderen machen. Hier geht es um ehrliche Drinks, denen man beim Trinken ganz klar anmerkt, dass sie einen vom Stuhl hauen, wenn man zu viele nimmt. Ein Gin & Tonic passt nicht in die Embury Bar. Ich nehme hier aber keinen Cocktail sondern einen Single Malt. Das mache ich in Bars eigentlich nie, Scotch ist für mich sonst ein Zuhausegetränk. Aber man lehnt sich nicht zu weit aus dem Fenster, wenn man sagt, dass die Scotchauswahl im Embury mehr oder minder unerreicht ist, zumindest in Deutschland. Schottland hat in der aktuellen Schnapskarte 20 (!) Seiten, die geliebte Insel Islay nimmt allein sechs davon ein. Ein Großteil davon aus der privaten Auswahl des Chefs. Da kann man Geld ausgeben. Oder glücklich sein. Oder sogar beides. Etwa mit einem Bunnahabhain 26 Years in der Old-Passengers-Abfüllung. Liest sich auch einfach gut, das so aufzuschreiben.

Ich schaue noch ein wenig das Rückbüffet entlang, bewundere die zahllosen Malts. Im Augenwinkel sehe ich, wie der Bartender einen Shot Chartreuse einschenkt. Das passiert. Jammern auf hohem Niveau. Und außerdem: Es ist Frankfurt. Da weiß man auch vorher, wie das alles enden wird.

Gekkos
Hochstraße 4
täglich ab 18 Uhr bis open end

The Kinly Bar
Elbestraße 34
Mo.-Sa. 19–3 Uhr

Embury Bar
Kirchnerstraße 6–8
Di.–Do. 17–1 Uhr,
Fr./Sa. 17–2 Uhr

ESSACHER LUFT

Feuertaufe

von Philipp Daum

Es gibt Sachen, die man nur macht, damit man später erzählen kann, dass man diese Sachen gemacht hat. Eisbaden, Autobahnrennen, gegen Elektrozäune pinkeln. Männlichkeitsriten, die gefährlich sind oder verboten oder überhaupt keinen Spaß machen. Essacher Luft trinken ist so eine Sache.

Vor zwei Jahren, auf einer Feier, brachte ein Bekannter eine Flasche Schnaps mit. Auf dem Etikett war ein Häuschen mit Geweihen und Voodoopuppen zu sehen. Verdächtig. „Probiert mal", sagte der Bekannte.

Was dann passierte, ist von mehreren Zeugen verbürgt, es ereignete sich genau so: Einem beschlug die Brille von innen. Einem liefen Tränen die Wangen herunter. Der Bekannte, der den Schnaps mitgebracht hatte, lachte.

Hergestellt in einer Hausbrennerei in Hinteressach in der Nähe vom Bodensee, ist Essacher Luft ein Auszug „edelster Naturkräuter und edelscharfer Gewürze". Nach dem ersten Schluck legt sich diese Schärfe auf die Zungenspitze, frisst sich in den Rachen und dann, von einer bittergalligen zweiten Geschmackswelle eingeholt, langsam, Zentimeter für Zentimeter, über das Rückgrat in den Magen hinunter. Man kann versuchen, das Ganze erträglicher zu machen, indem man das Glas sehr steil ansetzt und die Flüssigkeit ohne Kontakt zum Mundraum hinunterschüttet. Aber dann brennt es umso stärker im Hals. Man kann den Schnaps kühlen, aber kalte Schärfe ist immer noch scharf. Gegen Essacher Luft kann man sich nicht wehren.

Diese wirklich atemberaubenden Qualitäten machen den Kräuterschnaps zum Gegenstand von Initiationsriten und zum perfekten Partygag. In Osnabrück müssen Erstsemester traditionell ein Stamperl Essacher Luft im Grünen Jäger trinken. Und es gibt einige YouTube-Videos, die hinterhältige Menschen von ihren Freunden beim ersten Schluck Essacher Luft gemacht haben. Das ist sogar mal dem Rapper Sido passiert. Vor dem Trinken sagte er: „Jägermeister? Da steh ich danach auf wie 'ne Eins, Alter!", dann eine volle Minute gar nichts.

Spätestens jetzt müsste man fragen: Verkennt man nicht seinen edlen Charakter, missachtet man nicht die allgäuische Handwerkstradition, wenn man diesen Schnaps als Partygag abtut? Josef Schupp, der Erfinder, brauchte noch etwas „Würziges" fürs Sortiment, so entstand in den Siebzigern „die Luft". Er schickte seine Erfindung dann zur Prämierung an den Brennerverband und bekam einen Brief zurück. Man habe die Schnapsverkostung in diesem Jahr abbrechen müssen – wegen „geschwächter Geschmacksorgane". So erzählt es sein Sohn. Der alte Schupp hat gelacht und mit seinen Freunden darauf einen ganz milden, fruchtigen Kräuterschnaps getrunken.

PIMM'S

Fake it 'til you make it

von Fiona Weber-Steinhaus

Manchmal reicht es nicht, authentisch zu sein. Man muss trotz mangelnden Wissens oder Talents überzeugen: beim Bewerbungsgespräch etwa – oder wenn man das erste Mal die Familie seines Freundes trifft. Wir sind damals gleich eine Woche gemeinsam verreist. Ferienhaus an der Nordsee. Neun Leute, drei Zimmer. Ich merkte: Die gesamte Familie konnte wahnsinnig gut kochen. Nicht Showkochen im Sinne von molekularisierten Wassermelonen an Zanderschaum. Sondern diese scheinbar simplen Alltagsgerichte, bei denen man schmeckt, dass die Rezepte von Generation zu Generation weitergereicht, verfeinert und mit Liebe schon hundertmal gekocht wurden.

Wie sollte ich da mithalten? Ein Omelett braten? Kulinarisch konnte ich nichts einbringen, was mich als super Partie ausgezeichnet hätte.

Zum Glück hatte ich eine Flasche Pimm's dabei. Pimm's ist eine Gin-Art, erfunden 1823 in London und angeblich das Lieblingsgetränk von Prinz William. Man gießt Pimm's am besten in eine Glaskaraffe mit Eiswürfeln. Dazu wirft man Gurkensticks, ein paar Minzstängel, Orangen- und Zitronenscheiben und füllt alles mit Ginger-Ale auf. Wie viele Stängel oder Schnitze man genau nimmt, ist im Endeffekt egal. Das schmeckt immer. Und es sieht immer hübsch aus – minimaler Aufwand, maximaler Effekt.

Ich servierte das Ganze damals aus der Not heraus, weil ich keine Alternativen hatte. Doch rückblickend war das der Moment, in dem Pimm's zu meinem *signature dish* wurde: Beates Birnenschokokuchen, Hilkes Walnusscreme, Philipps Kohlrouladen – Fionas Pimm's als Nachmittagsgetränk.

Mit der Rezeptur wollte ich unterstreichen: Ich bin kosmopolitisch, kultiviert und kann mehr als passabel Gurken schneiden. Ohne irgendwie Küchentalent zu besitzen. Man könnte daraus schließen: Pimm's ist ein Drink für windige Aufschneider, die sich zivilisierter präsentieren wollen, als sie eigentlich sind. Für Menschen, die ihr Hemd nur vorn bügeln. Was natürlich stimmt.

Und ich bin nicht die Einzige, die Pimm's zum Bluffen nutzt. Altherrenrunden trinken ihn, um zu simulieren, dass sie Tennis spielen. Gesellschaftsalkoholiker nehmen ihn als Ausrede, um sich in der „Mittagshitze" zu erfrischen, auch wenn es draußen nieselt. Der britische Landadel betrachtet Pimm's als Reminiszenz an das British Empire, auch wenn der Glanz längst verblasst ist.

Bei mir funktionierte der Drink übrigens hervorragend: Im nächsten Jahr wurde ich wieder eingeladen. Mit der Bitte, doch eine Flasche von diesem leckeren Gin mitzubringen.

*Angeberdrink für die große Runde:
eine Flasche „Pimm's", Eiswürfel,
Gurkensticks und einige Minzstängel,
Orangen- und Zitronenscheiben in eine
Glaskaraffe geben, mit Ginger-Ale aufgießen.*

C+T

Lost in translation

von Jörn Kabisch

Gegen Mitternacht sinkt die Luftfeuchtigkeit von gefühlt 140 Prozent auf 135 Prozent. Über den Großstadtlichtern leuchtet sandfarben der Smog. Peking schaltet einen Gang zurück. Das Hupen der Taxis wird eine Spur freundlicher. Man hat das Gefühl, dass die Flüssigkeit, die man in sich hineingießt, nicht sofort wieder aus dem Körper austritt: der Moment für einen Drink.

Ich stehe mit zwei jungen Leuten in der Schlange vor einem Club am Arbeiterstadion. Sie haben mich an die Hand genommen und sind nun meine Übersetzer. Wie so oft in dieser Stadt: Man ist *totally lost in translation,* an einer Straßenkreuzung oder weil einen gerade ein Polizist angesprochen hat. Irgendjemand löst sich aus der

Menge, kann etwas Englisch und hilft einem. Eigentlich verabschiedet man sich dann dankbar und überreicht mit beiden Händen noch die Visitenkarte, die sie hier sammeln wie Panini-Bildchen. Die jungen Leute aber haben mich gleich mitgenommen. Sie, rosa Pluderrock und rote Manga-Zöpfchen, schiebt sich nun vor mir durch die Schlange. Ihr Typ in der Plastik-Rockabilly-Jacke macht uns den Weg frei.

Drinnen ist es feucht, laut und eng. An die Cocktailtische passen Cliquen, groß wie Schulklassen, noch mehr Mangas oder Edelpunks – so wie Tokio Hotel. Alle trinken das Gleiche: C+T 300 RMB, der Name des Drinks wandert in Leuchtschrift wie eine Börsennachricht an der Wand über dem Tresen entlang. Darunter läuft als Audio-Slideshow Sinatra mit chinesischen Untertiteln, eine Ambient-Version, aber ohrenbetäubend. Bedienungen im Minirock drücken sich durch die Menge, Tabletts über dem Kopf mit Karaffen, Stapelgläsern, Whiskey- und PET-Flaschen darauf.

C+T ist der Whiskey Cola Chinas. C wie der Scotch Chivas Regal, T wie grüner Tee. Gemischt wird er in diesen großen Pitchern, gläsernen Krügen, die fast zwei Liter fassen und die man in den USA mit Bier gefüllt bekommt. 300 Yuan pro Pitcher, das sind 30 Euro. Beim Selbermixen lassen die Leute ganze Flaschen Scotch und den süßen Grüntee, den es an jedem Kiosk gibt, auf die Eiswürfel platschen. Je mehr Chivas, umso schlammfarbener ist der Drink.

Am nächsten Tisch ist ein Junge mit Blues-Sonnenbrille freigebig. Ich bekomme ein Glas in die Hand gedrückt. Braunster Schlamm und ein paar Eiswürfel. Wo ist meine Manga-Frau? Egal, es ist so laut, hier wird sie auch nicht mehr helfen können. Also C+T: Die Blues-Brothers-Brille prostet mir zu. Auf ex – *ganbei!*

Eiskalt ist das erste Glas, süß und klumpig. Das hat was Parfümartiges. Den Whiskey schmeckt man kaum, eher Jasmin oder sogar Geranien. Nach dem zweiten habe ich das Gefühl, die Schwüle zieht in meinen Bauch, nach dem dritten suppt sie wieder hinaus. Auch meine Manga-Frau taucht wieder auf. Doch auf dem Weg zum Taxi bin ich überzeugt: Ich brauche nie mehr einen Übersetzer.

SKINNY BITCH

Was tut man nicht für gute Freundinnen

von Eva Biringer

Auch mir passiert es, dass ich mich an manchen Donnerstagabenden, statt auszugehen, vor einem Fernseher wiederfinde (ich selbst habe keinen). Sie ahnen es vielleicht: Es läuft dann Germany's next Topmodel. Weil meine Freundinnen das ironisch schauen, gibt es keinen Erdbeerprosecco wie bei Anna-Lisa in Gelsenkirchen, sondern Skinny Bitch. Der Name „dürre Schlampe" passt gut zu der

Zeit, aus der man diesen Drink kennt. Berühmt wurde er nämlich durch die Supermodels der Vorgängergeneration, allen voran Kate Moss. In den Neunzigern galt ja noch das Diktat des *heroin chic*, also Knochen statt Muskeln. Anders als heute ließen sich Fashionistas nicht mit grünen Säften und Yogamatte, sondern mit Zigarette und Cocktailglas fotografieren.

Dass kein Barkeeper behauptet, den Skinny Bitch erfunden zu haben, liegt womöglich auch an dessen Schlichtheit. Er besteht aus Wodka, Soda und Limette. Auch nach dem fünften Glas ist der Atem frisch wie ein zuckerfreies Mentos, vor allem aber hat er praktisch keine Kalorien.

Für Genießerinnen ist der Skinny Bitch allerdings der Magerquark unter den Cocktails. Beim ersten Schluck schmeckt er nämlich nach nichts. Beim zweiten auch nicht. Beim dritten konzentriert man sich stark auf das fliegengewichtige Limettenaroma und sehnt beinahe die künstliche Erdbeere im Gelsenkirchner Prosecco herbei. Eine Frau ohne Rundungen ist wie ein Himmel ohne Sterne, und ein Drink ohne Eigengeschmack hinterlässt ein ähnlich schales Gefühl. Zu Recht gilt unter Barkeepern die Regel, dass es keinen vernünftigen Drink auf Wodkabasis gibt.

Nachdem der Skinny Bitch mitsamt seinen skeletthaften Konsumentinnen in Vergessenheit geraten war, erlebt er gerade ein Revival. Nicht auf der Karte ernst zu nehmender Bars, aber bei Vernissagen und Fashion-Week-Partys. Plötzlich passt er wieder hervorragend in unsere fitnessverliebte Gegenwart, die den Rausch will ohne Kater und am besten auch noch ohne Kalorie. Taylor Swift verriet kürzlich der Vogue, ihr Lieblingsgetränk sei Wodka mit Diätcola. Das ist mindestens genauso traurig, aber immerhin ein Wässerchen mit Geschmack.

Bleibt die Frage, warum wir bei unseren ironischen TV-Abenden dann nicht bloß Wasser trinken und uns so pro Glas die knapp 200 Kalorien des Wodkas sparen? Weil der Skinny Bitch betrunken macht – und anders ist Heidi Klum selbst in Gesellschaft der liebsten Freundinnen nicht auszuhalten.

GEBUTTERTER MÖNCH

Unter Regenwolken

von Moritz Herrmann

Der Gebutterte Mönch sagt: Das beste Gebet ist Geduld. Wir saßen in einer dunklen Bar unter einem dunklen Himmel und sahen in den Monsun. Seit Tagen saßen wir schon so, und noch Tage würden wir so sitzen. Das war 2010 in Manipal, in einem Ort in Karnataka, in Südindien. Ich war dort, um zu studieren, aber das hatte ich schnell vergessen. Wie ein ewiger Vorhang fiel der Regen. Er wurde stärker, nie schwächer.

Der Gebutterte Mönch sagt: Was wird, vergeht.

Als es losging, waren wir noch aufgeregt gewesen. Hatten uns auf die Schultern geklopft, im Nass getanzt und gefeiert. Aber in Manipal ist der Monsun heftiger als anderswo auf der Welt. Bald saßen wir nur noch schwitzend und schweigend und lauschten dem Gebutterten Mönch. Die Bar lag im Parterre des einzigen Hotels, ein paar Sitzecken nach American-Diner-Art aus rotem Kunstleder, eine Jukebox, ein bauchiger Wirt im Feinripp und die Scheiben zur Außenwelt getönt. Als mir der Drink zum ersten Mal hingemixt wurde, reagierte ich angewidert: Rum mit Cola auf Eis, gut, aber wieso war dem außerdem noch ein Stück angebratene, schon schmelzende, dabei weiterhin einen Würfel formende Butter beigeschubst worden?

Der Gebutterte Mönch sagt: Es gibt Vollkommenheit in allem Unzulänglichen, es gibt Erkenntnis in aller Ratlosigkeit.

Der Rum, der in diese Sauerei muss, heißt Old Monk, Indiens bester, gebrannt am Ganges. Er gibt dem Gebutterten seinen Namen. Der Rum schmeckt nach Vanille, die Butter schmeckt nach Butter. Sie rutscht auf dem Rum direkt in deine Schläuche, sie schmilzt dir noch am Gaumen. Es ist, als würde man eine Bratpfanne nach dem Braten auslecken und danach einen French Toast fressen.

Der fünfte oder zehnte oder 15. Tag in der Bar, und wir alle kippten diesen Drink. Ich hatte den Mönch verstehen gelernt. Er lädt in sein Kloster der Genügsamkeit ein, aber ohne Aussicht auf Erleuchtung. Er macht stoisch, und nur der Stoiker erträgt den Monsun. Der Regen knipste den Strom aus, der Mönch machte die Kerzen an. Es ist ein Drink für Apathiker, für Aussitzer, für Aushalter. Natürlich hätten wir uns über den Regen aufregen können, aber was hätte das gebracht? Der Mönch befreit einen von dem monströsen Mark-Twain-Anspruch, jedem Tag die Chance zu geben, der schönste des Lebens zu werden. Der Mönch gibt jedem Tag die Chance, ereignislos zu sein wie der vorherige Tag.

Er sagt: Wenn du ein Problem hast, versuch es zu lösen – kannst du es nicht lösen, dann mach kein Problem daraus.

Wir saßen da ohne jede Ambition. Zeit war bedeutungslos geworden, ein Tag war eine Woche, eine Woche war ein Monat. Man kann nicht resignieren, wenn man nichts erwartet. Als die Sonne durch die Wolken brach und der Regen endlich stoppte, schütteten wir den Restmönch, der im Glas dümpelte, weg. Der Gebutterte ist kein Schönwetterdrink.

Heute wohne ich wieder in Hamburg, wo es bekanntlich auch sehr viel regnet. Den Mönch trinke ich hier allein, den anderen ist die Butter widerlich. Und man kann ihn nicht trinken neben einem, der Wodka-Energy trinkt, weil am Ende will der Wodka-Energy-Mensch ganz bestimmt noch raus in die Nacht, mit Regenschirm, was erleben, was Spannendes oder, noch schlimmer, was Großartiges. Aber das Leben muss nicht immer großartig sein.

Der Gebutterte Mönch sagt: Die Dinge erscheinen und lösen sich wieder auf. Lass deinen Geist still werden wie einen Teich.

TARIFA

So alt sind wir wirklich noch nicht

von Julia Wadhawan

Die ganze Woche haben wir darauf gewartet, ihr Ende zu feiern. Doch kaum ist es da, wollen wir eigentlich nur ins Bett. Gerade löffeln wir noch die letzten Reste Lasagne aus der Ofenform, da sagt ein Freund: „Leute, es ist Freitag! Heute ist doch diese Party. Wer kommt mit?" Betretenes Schweigen. Och, bin eigentlich etwas zu müde. Will den Tag morgen mal nutzen. Muss zum Baumarkt. Muss ins Fitnessstudio. Sonst krieg ich wieder nichts auf die Reihe. Dabei fühlen wir uns irgendwie schuldig, so alt sind wir mit unseren

Ende 20, Anfang 30 noch nicht. Wir sollten doch das Leben feiern, oder wenigstens das Wochenende. Was ist nur aus uns geworden?

Darauf kocht uns der Freund erst mal einen Tarifa: ja, richtig, einen Shot, den man kochen muss. Als Espresso mit einem Schluck Likör nehmen ihn auch partymüde Gäste an. Zur Verdauung. In Wahrheit ist Tarifa nur der vanillige Likör 43 mit einem Schluck Espresso – und so viel mehr als das.

Ein spanisches Restaurant in Hamburg beansprucht die Kreation für sich, erfunden von einem ehemaligen Mitarbeiter, den keiner mehr kennt. Warum er den Drink wie diese Stadt am südlichsten Punkt Spaniens genannt hat, bleibt sein Geheimnis. Vielleicht ist es die Dualität des Ortes: süß und heiß wie die spanische Sonne, kalt und belebend wie der unaufhörliche Wind, für den Tarifa berühmt ist. Ich war noch nie dort, aber genau so stelle ich es mir vor.

Diese Gegensätze muss man im gleichnamigen Drink erkennen. Der perfekte Tarifa sieht aus wie eine Schicht goldene Mittagssonne unter tiefschwarzer Nacht. Dazu füllen wir das Shotglas zur Hälfte mit kaltem Likör. Den dampfenden Espresso gießen wir achtsam über einen umgedrehten Teelöffel. Wie eine Decke legt sich die dunkle Flüssigkeit über den goldenen Boden. Erst im Mund vereinen sich die Elemente. Süßlich und warm schicken sie einen Stoß Leben durch unsere Körper.

Die Espressokanne steht schon wieder auf dem Herd, aus Zögern wird verspielte Lust. Jeder will den perfekten Tarifa kreieren. Wir trinken jeder drei, vier Gläser und ziehen dann los. Der nächste Tag interessiert nicht mehr, alles ist jetzt eins: Tag und Nacht, Geist und Körper. Auf dem Weg zur Tanzfläche darf die Kneipe nicht ausgelassen werden, die den Drink zur Perfektion beherrscht. Zucker, Alkohol und Koffein pumpen Endorphine und Adrenalin durch unsere Körper. Wir kichern wie Kinder und fühlen uns dabei herrlich erwachsen. Wir klauen Schnapsgläser und tanzen bis zum Morgengrauen. Vergiss den Baumarkt, das Fitnessstudio. Am Nachmittag fühlen wir uns müde, aber seltsam gut gelaunt, wie nach einem Tag am Strand. Vielleicht in Tarifa. Dann legen wir uns noch mal hin.

In drei Drinks durch ...

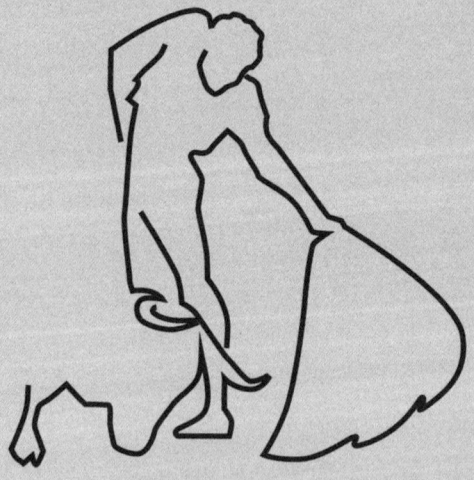

... MADRID

Barkeeper weisen den Weg durch die Nacht: ROBERT TREICHLER schweift ab und entdeckt eine berühmte Nase

Madrid, ich werde mich dir eine Nacht lang ausliefern. Verzeih mein miserables Spanisch, füll mich sanft ab und zeig mir etwas Überraschendes. Etwas, das mich morgen früh die *resaca,* wie du den Kater nennst, ertragen lässt. Mit dabei ist Nana, sie wird mich in dieser Nacht – und nicht nur in dieser – begleiten. Wir beginnen auf der Plaza de Santa Ana, denn der Platz erinnert an die beiden berühmtesten Trinker von Madrid. Wobei keiner der beiden Spanier war, und einer nicht mal wirklich Trinker.

In der **Cervecería Alemana** an der Südseite der Plaza hatte der eine, Ernest Hemingway, einen Stammtisch. Und dem anderen, Joseph Bonaparte, ist zu verdanken, dass es die Plaza überhaupt gibt. Joseph war Napoleons Bruder und Anfang des 19. Jahrhunderts kurzzeitig König von Spanien. Er ließ Klöster und Kirchen abreißen, so entstand Platz für Plätze. Wegen seiner angeblichen Trinklaune nannte man ihn auch „Pepe Botella", Pepe die Flasche. Aber das war wohl nur üble Nachrede. Gründe zu saufen hätte die Flasche allerdings gehabt, Bonapartes Regentschaft verlief kläglich.

Darauf heben wir erst mal ein Bier. In der Cervecería tragen die Kellner weiße Hemden und schwarze Schürzen und rufen den Kollegen hinter der Bar laut die Bestellungen zu. Am Tresen bekommt man ungefragt kleine Würstchen, Brot und Oliven vorgesetzt, das erleichtert frühabends den Alkoholkonsum. Cristian, der Barmann, wirft einen Kronkorken aus zwei Meter Entfernung in einen kleinen Metallkübel und grinst stolz. Er steht seit 14 Jahren hinter der Theke der Cervecería Alemana. Cristian spricht kein Wort Deutsch, das ist schließlich keine Themenkneipe, auch wenn sie 1904 von Deutschen gegründet wurde. Als Hemingway später hier soff, laut eines Fotos „circa 1959", gehörte die Bar schon lange einem Spanier, und berühmte Matadore gingen ein und aus. Das muss den begnadeten Trinker beeindruckt haben. In seinem Roman *Fiesta* flüchtet sich der junge Autor Jake Barnes in den Alkohol, weil seine Angebetete mit einem Stierkämpfer abgehauen ist. Nana und ich sehen uns um und müssen lachen. Hier sieht niemand wie ein Matador aus. Eher wie Expats, die auf den Spuren Hemingways trinken.

Cristian würde uns sicher bis zur Sperrstunde mit Bier und Würsten versorgen und ambitioniert Kronkorken schnippen. Als wir fragen, wo wir als Nächstes hingehen sollen, ist er nicht erfreut. „Da drüben", murmelt er und zeigt über die Plaza. Der Name des Lokals geht im Betriebslärm unter.

Schwer zu sagen, ob wir tatsächlich da landen, wo Cristian uns hinschicken wollte. Die Richtung stimmt, ungefähr. Tut uns leid, Madrid, wir schweifen jetzt schon ab. Und so landen wir eher zufällig im zweiten Lokal des Abends, das unpassenderweise **La Tercera Taberna** heißt, die dritte Taverne, und eigentlich ein Restaurant ist. Immerhin mit Bar. Hinter der Theke steht Mónica, sie weiß viel über Madrid, über Männer, über Alkohol und über das, was man nach ein paar Gläsern melancholisch *la vida* nennt, das Leben. Ja, es sei kompliziert, sagt sie, aber Mónica macht nicht den Eindruck, als komme sie mit dem Leben schlecht zurecht. Sie trägt enge schwarze Jeans, ein asymmetrisches ärmelloses Top, hochhackige Schuhe und am linken Arm Schmetterlings-Tattoos. Und ihre Nase! So dominant, die gibt ihrem Gesicht einen störrischen Ausdruck.

Wenn Mónica spricht, klingt es wie ein Track von Iggy Pop. Das La Tercera, sagt sie, habe sie bei ihrer letzten Scheidung von ihrem Ex-Mann bekommen, es sei aber ihr zweiter Ehemann gewesen, nicht ihr dritter, hahahahahaha. Die Taverne verdanke ihren Namen der Tatsache, dass sie die dritte Bar des Ex gewesen sei.

Mónica gießt Beefeater Gin in ein sehr bauchiges Glas und sagt, es lohne sich nicht, den Rest aufzubewahren, also macht sie es halbvoll und gibt Tonic dazu. Das ist mein Drink. Nana trinkt Weißwein. Ich fühl mich wohl im La Tercera, spüre Vertrautheit, wüsste gern noch mehr von Mónica. Aber dann frage ich doch nur nach der nächsten Bar. Mónica kritzelt einen Namen auf einen Zettel: **Salmon Guru**. Das gehöre einem Freund, der beste Cocktail dort sei mit *canela,* also Zimt, gewürzt. Mónica verabschiedet uns mit Küssen auf beide Wangen, wie alte Freunde, und wir nehmen ein Taxi zu unserer nächsten Station.

Das Salmon Guru ist eine klassische Cocktailbar, vielleicht mit ein paar Designideen zu viel. Dunkel, ein bisschen laut, Neonblitze an die Decke gemalt, Glühbirnen bilden den Schriftzug BAM. Der Barmann kommt zum Tisch. Karierte Schürze, weißes Hemd, Hosenträger, Fliege, akkurat gestutzter Bart. Ricardo zuckt kurz, als wir einen Cocktail bestellen und Nana dabei das Wort *canela* so unverständlich ausspricht, dass es anscheinend nach etwas Unanständigem klingt. Vielleicht war auch nur die dominante Popbeschallung schuld.

Ricardo bringt zwei Tónico Sprenger. Gin, Limonensaft, Kardamom-Tonic, Ginger Beer, Gurke – und Zimt. „Nicht sofort umrühren!", warnt er, der erste Schluck sei erfrischend, erst danach komme der Alkohol ins Spiel. Sich von ihm beim Trinken beraten zu lassen, ist ein Privileg. Hier kann man auf hohem Niveau abstürzen.

Ricardo hat lange Bar-Consulting betrieben, jetzt will er in der eigenen Bar alles richtig machen. Das US-Magazin *Forbes* hat das **Salmon Guru** schon unter Madrids beste Bars gereiht. Schön für Ricardo, aber alles richtig zu machen, soll nicht das Leitmotiv des Abends werden. Der Gin tut seine Wirkung, wir verlassen Ricardos unternehmerisches Projekt mit etwas tastenden Schritten.

Klar, wir könnten jetzt nach Hause gehen. Aber irgendwie wollen wir noch nicht. Wohin also? Noch einmal dahin, wo wir vorhin als Freunde verabschiedet wurden.

Hey, Mónica, du warst nicht immer Kellnerin, oder? Ich stelle die Frage bei einem weiteren Gin. Nein, sie sei Schauspielerin gewesen, antwortet Mónica, und irgendwie sei sie das immer noch, jetzt eben hinter der Bar. Ihre ganze Familie komme vom Theater, Mutter, Vater, Bruder. „Meinen Bruder kennt ihr wahrscheinlich." Wir stutzen: „Woher?" – „Er heißt Javier Bardem." Mónica zeigt auf ihre Nase. Es ist die gleiche.

CHRENO-WUCHA

Überleben

von Alice Bota

Jaja, natürlich sind die Sancerres und Pouilly Fumés und Crémants wunderbar, das Leben wäre viel glanzloser ohne sie. Aber sie sind doch nur die gepflegte Hintergrundmusik zu einem Fest. Der Chrenowucha hingegen ist, als käme ein wild gewordenes Orchester hereingestürmt und würde um sein Leben spielen. Klingt nicht edel, aber existenziell.

Das erste Mal trank ich Chrenowucha, als das Gebiet, aus dem ich berichtete, im Krieg versank. Wir saßen in der ostukrainischen Stadt Donezk und aßen Pelmeni mit Schmand, eingelegte Gurken, Brot mit Schmalz und Seljodetschka – Hering mit Kartoffeln und Zwiebeln. Es war ein heißer Maitag, über 30 Grad, uns fröstelte trotzdem damals sehr oft, und ein Kellner empfahl uns Chrenowucha, diesen etwas trüben Wodka, der so gut stärkt.

Der Kellner brachte den Chrenowucha in einer kleinen Karaffe mit zwei hübschen kleinen Gläsern, östlich von Berlin weiß man noch, wie man Wodka mit Stil trinkt. Wir nahmen einen Schluck von diesem trüben Getränk, es schmeckte leicht süßlich, dann brannte es in der Kehle, der Wodka war mild, aber scharf, er schmeckte nach Meerrettich, *chren*, wie es auf Russisch heißt. Sofort brannte es in der Kehle, aber auf eine angenehme Art. Grund anzustoßen hatten wir genug: Uns war nichts zugestoßen. Der Toast des Abends: „Auf den Frieden! Auf das Leben!"

Das zweite Mal trank ich Chrenowucha an einem Januartag in Jaroslawl, etwa 200 Kilometer nordöstlich von Moskau gelegen. Minus 36 Grad. Wir stiefelten durch die verlassene Stadt, nach sieben Minuten spürte ich meine Zehen nicht mehr, nach zehn wurden die Wangen taub, nach zwölf vereisten die Wimpern. Nach 15 Minuten sah ich in der Ferne Flammen. Ein Feuer, konnte das sein? Wir fanden die Rettung: ein Restaurant mit verglasten Außenwänden und einem offenen Kamin. Wir eilten hin und tranken den besten hausgemachten Chrenowucha unseres Lebens. Die Zehen tauten auf und schmerzten, aber wo Schmerz ist, da ist Leben, wie eine gute Freundin sagt. Wir stießen an: „Auf das Leben, auf den Sommer!"

Chrenowucha ist perfekt, wo Not ist. Er wird aus Rettich gemacht, und jeder in Russland oder in der Ukraine hat das weltbeste Rezept daheim. Die einen nehmen Ingwer oder Knoblauch und Muskat, unabdingbare Zutaten sind jedoch nur Wodka, Rettich und etwas Honig. Und dann am besten bei 40 Grad fünf bis sieben Tage ziehen lassen.

Es heißt, Peter der Große habe seine Bedienstete angewiesen, Chrenowucha des Winters für Reisende bereitzuhalten, zum Aufwärmen und weil der Wodka heilt. Rettich hat angeblich mehr Vitamin C als Zitronen, er soll antibiotisch wirken, und deshalb, so heißt es, schützt Chrenowucha vor Erkältungen, Grippe und Gliederschmerzen. Chrenowucha rettet. Trinkt ihn. Er ist eine Zumutung, er kann scheußlich und zauberhaft schmecken, er lindert Nöte und stärkt Nerven.

FRIESENGEIST

Abschied

von Moritz Herrmann

Kennen Sie den Windjammer? Der Windjammer liegt auf St. Pauli, Davidstraße, linke Seite, Treppe runter, Laune rauf. Eine schöne Kneipe für alle, die hässliche Kneipen mögen. Die Wirtin heißt Isabella. An normalen Tagen setzen wir uns zu ihr und trinken normales Bier. Aber es gibt auch Tage, die anders sind, weil etwas zu Ende gegangen ist. Ein Job, eine Liebe, eine Freundschaft, ein Leben. Dann wird sie zur letzten Station. Isabella hat nämlich stets eine Flasche Friesengeist unterm Tresen, und der ist in jeder Hinsicht das Allerletzte. Nach dem Friesengeist kommt nichts mehr. Wenn schon aufhören, dann mit ihm.

Abschiedsworte müssen kurz sein wie Liebeserklärungen? Abschiedsdrinks müssen Kurze sein wie der Friesengeist. Die Rubrik, die Sie gerade lesen, verabschiedet sich, aber wir wollen nicht um sie weinen, sondern auf sie anstoßen. Früchte und Kräuter in einem klaren Kornschnaps, Isabella, schenk ein!

Wenn die Nacht wie ein langer Satz ist, an dem man herumstammelt, ist der Kurze der Punkt, den man dahintersetzt. Viele Drinks lassen sich als Kurze kippen, einige von ihnen wurden hier vorgestellt. Aber keiner taugt für den Abschied wie der Friesengeist. Man bestellt ihn in Begleitung des Fremden, den man nie wiedersehen wird. Man kippt ihn mit der Frau, mit der man abstürzt, nur dieses eine Mal. Friesengeist, wenn eine Beziehung zerbrochen ist, Friesengeist am letzten Wintertag in einem Hotel, Friesengeist am Grab.

S e c h s u n d f ü n f z i g Prozent hat der Friesengeist, man muss das so hinschreiben, damit es sich einprägt. Das ist ja nicht nur eine Zahl, das ist eine Warnung. Dass es danach nicht mehr sein wird wie davor. Man zentilitert den Stoff in Pinnchen, entflammt den Alkohol und lallt mit traurigem Ernst: „Wie Irrlicht im Moor / flackert's empor / lösch aus, trink aus / genieße leise / auf echte Friesenweise / den Friesen zur Ehr / vom Friesengeist mehr." Dann erstickt man die Flamme, im Friesland mit einer kleinen Kupferpfanne, im Suff mit der flachen Hand. Kopf in den Nacken, Schnaps in den Kopf, Glas auf den Tresen knallen, Hör-mir-auf-Grimasse und dann wortlos weg, alles ist erzählt. Und hinter dem Wissen, dass etwas unwiderruflich vorbei ist, geht die Sonne auf.

Der Friesengeist wurde von einem Hotelier in Ostfriesland beim Torfstechen geborgen, er fand das Fass im Moor, in den Fünfzigern. So will es die Legende glauben machen, so will man es glauben. Der, der harten Schnaps hat, braucht keine harten Fakten. War es nicht auch das, was diese Trinkerrubrik glitzern ließ? Im Rest dieser Zeitung wird hinterfragt und aufgedeckt, hier war Platz für Halbwahrheiten und Geraune, für verwischte Erinnerungen an die Launen einer Nacht.

Den letzten Drink also, den Friesengeist, auf diese Rubrik. Sie wird nicht wiederkommen. Das brennt. Aber so fühlt sich Abschied an. Prost.

Cervecería Alemana
Plaza Santa Ana 6
So.–Do. 11–0.30 Uhr,
Fr./Sa. 11–2 Uhr

La Tercera Taberna
Calle Núñez de Arce 3
Di.–Sa. 13.30–17 Uhr, 20.30–1.30 Uhr,
So. 13.30–17 Uhr,
Mo. geschlossen

Salmon Guru
Calle Echegaray 21
Di.–Do., So. 17–2 Uhr,
Fr./Sa. 17–2.30 Uhr,
Mo. geschlossen

REGISTER

Drinks

Beluga Wodka 103
Black Velvet 131
Bloody Mary 127
C+T 180
Chrenowucha 201
Cloud Juice 90
Cuba Libre 55
Das Damengedeck 87
Essacher Luft 174
Friesengeist 204
Futschi 156
Gebutterter Mönch 187
Gereifter Cognac 147
Gin Tonic 143
Harvey Wallbanger 69
Hemingway Sour 165
Hot Toddy 133
K. u. K. 25
Lagavulin 43
Last Word 50
Manhattan 21
Mexikaner 141

Negroni 17
Ouzo 78
Pastis de Marseille 109
Pimm's 177
Pusser's Painkiller 47
Schwermatrose 99
Sekt Mate 119
Selbst gebrannter Sliwowitz . 136
Skinny Bitch 184
Sloe Gin Fizz 81
Steinhäger 106
Tarifa 191
Tee mit Rum 31
Tollwütiger Hund 161
Vogelbeerschnaps 122
White Russian 85
Winter-Wodka 65
Wodka 41
Wodka-Mate 29

Lebenslagen

Abschied 204
Auch schon egal jetzt. 78
Auf der Couch. 65
Auf der Kippe zum Exzess . . . 25
Badewanne. 43
Beziehungskrise 103
Chefig 147
Etwas Osten im Herzen 161
Fake it 'til you make it 177
Feierei 29
Feuertaufe 174
Fluchlust 127
Frau am Tresen. 87
Fremdgehschmerz 47
Gesättigt 85
Glamourmangel 17
Herumtreiberei. 119
Kaputtheitsbedarf. 156
Kater 143
Kaufhauskoller 31
Kinderfrei 99
Kurz vor krank 133
Lampenfieber 41
Lasst mich rein! 109
Lost in translation. 180
Mal sehen, was der Barkeeper so draufhat … 131
Mangel 55
Nach der Plackerei. 21
Nachts auf dem Balkon 136
Nenn mich nie wieder süß!. . . 81
Revival. 106
Scham besiegen 165
So alt sind wir wirklich noch nicht. 191
Überleben 201
Unter Feinden. 141
Unter Regenwolken. 187
Vergiftet. 122
Was tut man nicht für gute Freundinnen 184
Waschzwang. 90
Weißt du noch?. 69
Weltdeutung 50

In drei Drinks durch …

… Amsterdam 34
… Athen 72
… Brüssel 150
… Frankfurt 168
… Hamburg. 112
… Madrid 194
… München 92
… Zürich. 58

Impressum

Herausgeber: Zeitverlag Gerd Bucerius GmbH & Co. KG
© Zeitverlag Gerd Bucerius GmbH & Co. KG

© 2019 der vorliegenden Ausgabe:
ZS Verlag GmbH
Kaiserstraße 14 b
D-80801 München

ISBN 978-3-89883-965-5
1. Auflage 2019

Projektleitung: Eva-Maria Hege
Texte: ZEIT-Redaktion (detaillierte Nennung siehe S. 6–9);
Mixology (S. 10–13, 92–97, 168–173)
Grafisches Konzept, grafische Gestaltung und Illustrationen:
Irene Schulz
Herstellung: Frank Jansen
Producing: Jan Russok
Druck und Bindung: Kösel, Krugzell

Kurze Wege schonen die Umwelt
Dieses Buch wurde in Deutschland gedruckt

Die ZS Verlag GmbH ist ein Unternehmen der
Edel SE & Co. KGaA, Hamburg.
www.zsverlag.de | www.facebook.com/zsverlag

Alle Rechte vorbehalten. All rights reserved.
Das Werk darf – auch teilweise – nur mit Genehmigung des
Verlags wiedergegeben werden.